互助：

中国乡村振兴的力量

郑旺盛　毅　剑　许凌宇　著

河南文艺出版社
·郑州·

图书在版编目(CIP)数据

互助:中国乡村振兴的力量/郑旺盛,毅剑,许凌宇著.
--郑州:河南文艺出版社,2022.11

ISBN 978-7-5559-1370-2

Ⅰ.①互… Ⅱ.①郑… ②毅… ③许… Ⅲ.①农村
-社会主义建设-研究-中国 Ⅳ.①F320.3

中国版本图书馆 CIP 数据核字(2022)第 109953 号

选题策划	李　辉
责任编辑	李　辉
责任校对	赵红宙　胡少静
书籍设计	刘婉君

出版发行	河南文艺出版社	印　张	19
社　址	郑州市郑东新区祥盛街 27 号 C 座 5 楼	字　数	203 000
承印单位	郑州印之星印务有限公司	版　次	2022 年 11 月第 1 版
经销单位	新华书店	印　次	2022 年 11 月第 1 次印刷
纸张规格	700 毫米 × 1000 毫米　1/16	定　价	78.00 元

版权所有　盗版必究

图书如有印装错误,请寄回印厂调换。

印厂地址　郑州市高新区冬青西街 101 号

邮政编码　450000　　电话　0371-63330696

助力乡村振兴的探索和力量（代序）

　　不久前，我很高兴收到了长篇报告文学新作《互助：中国乡村振兴的力量》一书的书稿。先睹为快，欣欣然哉。

　　长篇报告文学《互助：中国乡村振兴的力量》一书，主要讲述了濮阳农民在探路互助金融、助力乡村振兴方面做出的努力和贡献。本文主人公许文盛依靠最广大的农民，发动群众，组织群众，造福群众，在濮阳探索实践广阔农村、广大农民从未走过的一条互助金融之路，实现自己的伟大理想和抱负。他在这里把千万农民组织起来，用千家万户一点一滴汇聚起来的钱和力量，建立属于"农民自己的互助银行"，让最贫困的农民也能最方便地从这里得到资金支持，让底层的劳动者能够依靠"农民互助银行"的帮助发展产业，脱贫致富奔小康。

　　我认真阅读了这部报告文学，收获良多。作家扎根生活、扎根人民，以文学的力量、艺术的手法，全面、深入、细致地展示了濮阳市农村贷款互助合作社这一新生事物，依托中国社科院小额信贷扶贫科研试验基地，在濮阳大地生根、发芽、成长以及经受风雨洗礼的探索历程；以文学的真诚书写表达出广大农民追求自立、抱团发展的希冀、信心和决心，反映了"三农"仁人志士的激情、毅力和坚持。由此，我相信，此书出版发行，必将有助于人们更全面立体地了解濮阳市农村贷款互助合作社，和本书主人公许文盛带领当地农民开展的普惠金融与乡村建设相结合的探索历程。

改革开放之后，虽然我国农村金融体系进行了大范围的改革，但是农民贷款难、农村金融洼地等问题依然困扰着农业与农村发展；提高农业综合生产能力、推进社会主义新农村建设，金融是一项重要且亟待改进的要素，农村金融体系需要进一步完善。为此，2005 年的中央"一号文件"指出："培育竞争性的农村金融市场，有关部门要抓紧制定农村新办多种所有制金融机构的准入条件和监管办法，在有效防范金融风险的前提下，尽快启动试点工作。有条件的地方，可以探索建立更加贴近农民和农村需要、由自然人或企业发起的小额信贷组织。"2006 年的中央"一号文件"，进一步要求"在保证资本金充足、严格金融监管和建立合理有效的退出机制的前提下，鼓励在县域内设立多种所有制的社区金融机构，允许私有资本、外资等参股。大力培育由自然人、企业法人和社团法人发起的小额贷款组织，有关部门要抓紧制定管理办法。引导农户发展资金互助组织，规范民间借贷"。随后，全国各地开展了林林总总的农村金融组织改革试点，濮阳市农村贷款互助合作社就是这一阶段的产物。

濮阳市农村贷款互助合作社，是在中国社科院农村发展研究所和濮阳市政府的推动下于 2006 年 7 月注册成立。获批成立的背景，是一个集科研和实践于一体的试验基地。试图复制"孟加拉乡村银行"方法，致力于乡村组织再造，解决农村村庄内外排斥的现实问题。为此，进行了一系列探索、创新，经过了行动、反思、调适，再行动、再反思、再调适的过程，其"社区为根本，办社员自己的金融合作社，善行助贷、上门服务，外力促内生，内联外引，统分结合控制风险"的做法，在实践中被试验点的村民广泛欢迎，倡导探索的从"互助金融"为核心的"四位一体"的综合性村社共建方案取得了很大成效。

从试点开始至 2011 年 6 月底，该社资产已经过亿元，加入互助金融村社共建行列的居民累计 7056 户，5 年累计发放各类贷款 3.3 亿元，帮助 4994 户农民解脱生产经营和家庭生活中的资金困扰，帮助农民增产增收，真正实现了农村资金净流入，还在村庄内社员的积极参与下，创造了"贷款不用催收"的金融神话（《新民周刊》的评价）。

我和许文盛初识于 2006 年，在中国人民大学乡村建设中心举办的农民合作组织论坛上，我见到了参加论坛的许文盛，了解了许文盛在濮阳市依托中国社科院小额信贷扶贫科研试验基地，创建了农村贷款互助合作社的信息。当时《农民专业合作社法》尚未出台，国内的农民合作社尚处于萌芽期，濮阳市农村贷款互助合作社因为有中国社科院小额信贷扶贫科研试验基地的背景作依托，以"国内首家农民互助贷款组织""独立的综合性农村建设模式""破解农村金融的濮阳模式"等小有名气，并被农民合作社探索者所羡慕。中国人民大学农村与农业发展学院以关注、研究、推动"三农"问题为己任。许文盛和他带领的濮阳市农村贷款互助合作社这支新生力量，就成为人大农发院乡建中心的成员单位和调研基地。学院早期组织的乡建活动中，较早开始探索的许文盛和姜佰林大都会被邀请参加，并作为典型发言。我和许文盛的联系、互动越来越多，一直延续至今天。

在金融机构普遍认为农民贷款成本高、风险大的情况下，濮阳市农村贷款互助合作社为什么能在农村金融市场中做到"逆流而上"，能融通资金并将资金投向农村中低收入家庭，还实现了自身的健康运行和可持续发展？带着这些疑问，我和周立、朱乾宇等几位同事带队组成了12人研究小组，于2011年11月12日至20日，深入濮阳进行实地调查研究。此次调研采用深度访谈法，收集了该机构的大量数据、文档资料、访谈资料。访谈形式和对象比较多样。开展了四场座谈会，包括两场贷款互助社管理层座谈，一次与当地政府金融办、人民银行、银监局及相关银行机构负责人的座谈，一次与村庄社员客户的座谈。同时，对贷款互助社各分社负责人、部分信贷员、中心主任、贷款户、普通村民进行了深度访谈。这次调研，主要针对三个问题寻求答案。通过调研和思考，我对这些问题形成了一些认识。

第一，如何做到"引资助农、以城带乡"？通过对贷款互助合作社组织架构、运营模式的调研，认为贷款互助合作社独特的"统分结合、三层经营"的组织架构是"引资助农"最基础和最有力的组织保障。贷款互助合作社由总社、分社和村中心三层组织构成，既有总社在战略规划、建规立章、标准制定、组织协调、资金统筹、培训辅导方面的"统"，又有分社和村中心的分散经营、自主决策的"分"。特别是，经过摸索和实践，逐渐认识到对分社、村中心放权的重要性。村中心接近客户，村中心的负责人员对社员知根知底，"信息不对称"程度低，开展金融服务的成本低，面临的信誉风险低。给基层人员更多的决策权，将减少因决策链条长带来的信息问题，充分利用基层人员掌握的软信息和熟人社会机制，节约成本、提高效率、减少风险。因而，可以认为，组织的"地方性"和决策分权，是贷款互助合作社可持续运营的重要机制之一。

第二，为什么在保证惠农的同时能够实现可持续快速发展？通过调研，认为贷款互助合作社坚持小额、分散、对内服务、低利的宗旨和相应的信贷技术，是资产质量的重要保障。小额、分散的服务，可以减少垒大户带来的风险。对内服务，保障了客户的相对封闭、熟悉可控，既节约交易成本，又易于控制风险。低利服务，制定适中的盈利策略，可以减少因过度追求盈利而带来的不稳健经营动机和策略，也减少了客户的逆向选择和道德风险问题。贷款互助合作社经历过一次过度强调盈利的时期和教训，后逐渐恢复到自身盈利与普惠服务的社会目标间的平衡，实现"双赢"。

第三，如何制定和实施有效的内部管理和激励制度？通过调研，发现贷款互助合作社建立了完善的绩效考核、工资制度、员工激励制度，形成了良好的组织文化，谱写了社歌，有效激励了员工的工作热情。总之，许文盛作为金融企业家的个人因素、人格魅力，加上良好的内部管理制度、富有凝聚力的组织文化，是贷款互助合作社有效运行的基础。

基于对贷款互助合作社的调研和了解，2012 年我接受了华人频道记者关于濮阳互助金融的采访，指出：贷款互助合作社把资金管理技术同群众基础工作结合起来，外力促内生，内联促外引，统分结合、多层互助，这样的发展模式极具推广价值，为提升农村金融的普惠性做出了积极贡献。

后来也了解到，2013 年至 2016 年期间，濮阳市农村贷款互助合作社在机构注册登记方面虽然遇到一些波折，但经过人民银行、银监会、国务院扶贫办、中国社科院四部门联合实地调研，报请国务院领导批示，中国人民银行办公厅以（银办函〔2015〕371 号）《中国人民银行办公厅关于社科院小额信贷扶贫科研试验基地有关事项的函》明确了贷款互助合作社的性质，并给出了具体转型建议。具体是：结束社科院试点，将贷款互助合作社移交濮阳市人民政府监管，企业注册，继续开展小额信贷扶贫业务，参照中和农信项目管理。此后，贷款互助合作社改为普通合伙企业注册，注销了社团法人，掀开了合作金融探索发展的新篇章。而且，以合伙制形式进一步做实了社区（村）互助中心和综合服务站，强化了基层组织的自主性和责任制，改善了治理结构。

虽然贷款互助合作社的组织形式转型了，但是许文盛和濮阳市农村贷款互助合作社的探索经验，对于完善我国支持乡村振兴的金融服务组织体系仍将具有重要的参考意义。

　　但是，需要指出的是，《互助：中国乡村振兴的力量》是一部报告文学著作，运用了文学的手法，其中的一些提法如"互助银行"，与现实中中国人民银行、银行监管部门关于严格意义上的"银行"标准、规定并非完全一致，请读者在阅读中甄别和把握这个概念。

　　致敬中国乡村振兴的探路者和参与互助合作的广大农民！

　　致谢为中国乡村振兴而书写的有责任和担当的作家郑旺盛先生！

　　是为序！

2021 年 11 月 29 日

　　（马九杰，中国人民大学农村与农业发展学院博士生导师，中国人民大学农村经济与金融研究所常务副所长，中国金融学会农业政策性金融专业委员会理事）

目　录

引　章　互助金融的探索之路跌宕铿锵 ／ 1

　　　　建立属于"农民自己的互助银行"，让最贫困的农民也能
最方便地从这里得到资金支持，脱贫致富奔小康。

第一章　宏大抱负，家国情怀赤子心 ／ 16

　　　　让广大农民入股成为股东，从互助金融中得到根本的实
惠，得到了发展的力量，从而依靠互助的力量改变了自己的命
运。

　　　　第一节　濮阳大地，中华龙乡 ／ 16

　　　　第二节　热血青年，踌躇满志 ／ 19

　　　　第三节　理想丰满，现实骨感 ／ 21

　　　　第四节　挑战困难，逆境向前 ／ 25

　　　　第五节　山重水复，柳暗花明 ／ 33

　　　　第六节　披荆斩棘，苍天不负 ／ 41

第二章　志存高远，凝望星辰与大海 ／ 45

　　　　许文盛在工作之余拿起了笔，将自己对农行业务的思考，

对农村金融发展的思考，倾注于笔端，写成了颇有见地的文章。

第一节　许文盛者，何许人也 / 45

第二节　勤于思考，勇于探索 / 48

第三节　"习城案例"，"流动银行" / 52

第四节　三十而立，豪情满怀 / 60

第五节　大声疾呼，改革农行 / 64

第六节　放眼中国，忧心"三农" / 72

第三章　互助合作，农民团结有力量 / 84

要想按村庄或者片区组织农民建立互助中心，必须要深入群众、发动群众，然后把群众组织起来。

第一节　从群众中来，到群众中去 / 84

第二节　发动群众，与乡亲们说说心里话 / 90

第三节　成立全国第一个"农民互助中心" / 104

第四节　"村银行"里，农民当家做主人 / 125

第四章　"濮阳模式"，乡村探索获殊荣 / 142

"独立的综合性新农村建设模式""农合组织的河南设计""国内首家农民互助小额信贷组织""首家民间银行""准农民银行""破解农村金融问题的濮阳模式"……"濮阳模式"带来了意想不到的活力。

第一节　互助金融，试验成功 / 142

第二节　贷款助农，改变命运 / 154

第三节　星火燎原，蓬勃发展 / 166

第四节　"濮阳模式",蜚声国内 / 179

第五节　"穷人银行",伟大创意 / 183

第六节　誉满国内,名扬海外 / 187

第五章　跌宕曲折,凤凰涅槃方重生 / 195

濮阳市农村贷款互助合作社(社团法人)继续以"濮阳市农村贷款互助合作社(普通合伙)"之名,继续服务濮阳市广大农村的千家万户的农民;助力社会主义新农村建设。

第一节　呐喊疾呼,振聋发聩 / 195

第二节　天灾人祸,命运堪忧 / 211

第三节　身份"悬空",八方奔走 / 217

第四节　度尽劫波,可见光明 / 223

第六章　锤炼队伍,走向胜利和成功 / 235

唯有不断学习,才能获得源源不断的前进的动力,才能进一步发展和提升,才能走过曲折和泥泞,才能战胜挫折和失败,走向成功和光明,并从一个胜利走向另一个胜利。

第一节　取人之长,补己之短 / 235

第二节　陶冶情操,凝聚精神 / 242

第三节　温州考察,倍增信心 / 246

第四节　警钟长鸣,防患未然 / 250

第七章　栉风沐雨,砥砺奋斗共成长 / 259

这些年来,许文盛他们都咬着牙,肩并肩前行。他们坚信为之奋斗的事业，是一份能让穷人获得信心和尊严的事业，是走上小康之路的光荣事业。

第一节　奋斗的人生最精彩最壮丽 ／ 259

第二节　每个人的成长历程都令人难忘 ／ 265

尾　章　创立"中国农民互助银行"的伟大梦想 ／ 278

早日创建一家真正属于中国农民的能够媲美孟加拉乡村银行的"中国农民互助银行"。濮阳市农村贷款互助合作社成立十五年来，他们金融报国的初心始终未变。

后　记　组织起来的农民才最有力量 ／ 284

以农民团结互助的力量，办"农民自己的银行"，救农民之所急，解农民之所困，让广大农村的农民成为乡村振兴伟大进程中对美好生活充满信心和向往的农民。

引　章
互助金融的探索之路跌宕铿锵

　　许文盛要在广阔的濮阳大地，依靠最广大的农民群众，发动群众，组织群众，造福群众，探索实践广阔农村、广大农民从未走过的一条互助金融之路，实现自己的伟大理想和抱负。以组织起来的千千万万的农民的力量，用他们一点一滴汇聚起来的钱，建立属于"农民自己的互助银行"，让最贫困的农民也能最方便地从这里得到资金支持，让底层的劳动者能够依靠"互助银行"的帮助发展产业，脱贫致富奔小康。

一

　　这是一个愿意为理想而奋斗的人。

　　这是一个 22 岁就加入中国共产党的热血青年。

　　"回农村去，那里有我的父老乡亲，那里有我的爹娘兄弟，他们更加需要我！"

　　直到今天，许文盛也不会忘记当年令他热血沸腾的誓言。为了这份责任与担当，他愿意放弃眼前的一切，也做好了承受一切考验的准备。

2004 年 12 月初，许文盛与中国社会科学院达成了在濮阳市合作创建小额信贷扶贫科研试验基地的意向。

35 岁的许文盛，毅然决然地辞去了他在中国社会科学院贫困问题研究中心的工作。12 月 8 日，许文盛带着杜晓山副主任交给他的针对"关于建立中国社科院小额信贷扶贫科研试验基地"的批复文件——国务院办公厅（〔1999〕办 3002 号）、中国人民银行办公厅（银办函〔1999〕520 号）、国务院扶贫开发领导小组（国开办函〔1999〕41 号）和中国社会科学院贫困问题研究中心针对濮阳市政府所发的《关于探讨在河南省濮阳市筹建小额信贷试验基地可行性的商函》，从北京回到了生他养他的故乡——河南省濮阳市农村，满怀一腔热血，全身心投入筹建濮阳市农村贷款互助合作社的行动中。

作为一个年轻人，作为一个年轻的共产党员，他愿意为了自己的理想去拼搏、去奋斗。他始终认为，只有为理想而拼搏奋斗的人生，才最有价值和意义。

此时此刻的许文盛，在他的心中，燃烧着一团烈火。此行他放弃北京的工作，就是要在家乡干一件他青年时代一直在思考的事，将他在濮阳农行系统工作时一直在努力追求的金融报国的理想付诸实践。

这件事情就是如何让银行的资金能够惠及农业、农村和农民，如何让贫困的群众也能获得贷款资金的支持，改变他们的贫困命运。当年他在濮阳农行工作时，就是一个热血青年，有理想，有抱负，也做出了不少成绩，但终究是人微言轻，自己的建议不能引起上级的重视，自己的理想和抱负终究不能得以实现。

这成为他心中永远抹不去的痛。

许文盛要在广阔的濮阳大地，探索广大农民从未走过的一条互助金融之路，以最传统的互助文化把村庄居民串联组织起来，用千千万万农民的钱和一点一滴汇聚起来的力量，建立属于"农民自己的互助银行"，让农民因为入社取得困难时获得帮助的资格，最方便地从这里得到资金支持，让最底层的劳动者能够依靠"互助银行"的帮助发展产业，脱贫致富奔小康。

许文盛无数次地告诉自己："到农村去，发动组织农民，创办真正属于农民自己的金融组织！多么伟大而高尚的事业！这才是一个心怀信仰的共产党员值得奋斗和追求的事业。"

在最后要辞别北京的日子，许文盛一次又一次为自己的这一理想而激动。他的这份理想和行动，也最终得到了邀请他进京工作的中国社会科学院农村发展研究所杜晓山书记等国内知名"三农"问题专家的支持。

中国社会科学院支持许文盛在濮阳市建立小额信贷扶贫科研试验基地——濮阳市农村贷款互助合作社，打造真正属于农民自己的合作经济组织，以互助贷款为惠农平台，把极度分散的农民家庭重新发动组织起来，引导他们走互助合作的发展之路，引领农民走上共同富裕的光明道路。

二

濮阳市农村贷款互助合作社历经 18 个月的艰难筹建，直到 2006 年 7 月 6 日终于在民政局注册成功，成为合法的机构。其中，有感动，也有艰辛，至今令人难忘。

在中国社会科学院的支持下，经过许文盛与政府部门的多次接洽，濮阳市农村贷款互助合作社的筹办工作有了突破性的进展。

2005 年 5 月，濮阳市政府安排市农村金融改革办公室、市扶贫办完成了项目入濮试验的可行性研究报告。

2005 年 5 月 21 日，中国社会科学院农村发展研究所与濮阳市政府进行了项目会商，形成会谈备忘录。

2005 年 5 月 31 日，中国社会科学院与许文盛就合作创建濮阳市农村贷款互助合作社签署了协议书。

2005 年 9 月，濮阳市农村贷款互助合作社被中国政务信息网采集为"新合作金融组织民间样本（国内四大样本之一）"。

2005 年 12 月 28 日，比濮阳市农村贷款互助合作社晚筹备大半年的平遥的两家小额贷款公司获批。"小额贷款试点平遥破冰"的消息被各种媒体累牍报道时，濮阳市农村贷款互助合作社尚未正式取得政府部门的批准注册。

在中国社会科学院推动下，濮阳小额信贷扶贫科研试验基地，自 2004 年 12 月开始，已经筹备了一年多。虽然比平遥早开始半年有余，虽然早在 2005 年 5 月 21 日已经完成了项目进入濮阳的政府会商工作，并在 2005 年 6 月 7 日就被法国沛丰协会中国办事处认定为"中国第一个私人投资的小额信贷机构"，因为困于有关部门管理的条块分割，遭遇注册难题。

相比于政府积极推动下的平遥小额贷款公司，濮阳市农村贷款互助合作社的筹备异常艰辛，每一步都是那样的不容易。项目 5 月 21 日已经完成了进入濮阳的可行性会商，但在中国社会科学院 2005 年 5 月 31 日发出《关于同意濮阳市（县）贷款互助合作社成立的函》之后，市民政局坚持"小额贷款属营利性质，不能在民政部门注册"，市工商局则以"必须有《金融许可证》才能注册"的理由，多次退回了许文盛递交的申请资料业务。

为说服有关人员，许文盛每次出门逢人就宣讲"小额信贷机构不同于传统金融，而是非营利自负盈亏的社会公益组织""濮阳基地创造性融合了现代金融理论、小额信贷原理、新合作社和新乡村建设运动等最新理念，目的在于发动群众开展贷款互助自救，走合作化产业化道路，走向共同富裕，是在为政府分忧……"

为支持基地尽快完成注册工作，2005 年 8 月 10 日，中国社会科学院贫困问题研究中心向濮阳市政府发出商函。8 月 17 日至 18 日，濮阳市政府张生魁副秘书长、李建国副秘书长、阮金泉副市长先后签署了"此事可搞试验，而后再推开"的相关意见。中国社会科学院农村发展研究所杜晓山书记多次向濮阳方面打来长途电话过问此事，阮金泉副市长最终亲自过问并安排"借鉴外地试点经验，由市民政局办理注册工作"。

2005年11月上旬，濮阳市民政局刘建生局长终于答复许文盛："濮阳没有中央单位做主管部门注册的先例，联系好地方主管单位后，民政局可以接受你们的注册申请。"

为了寻找主管单位，许文盛先后向市扶贫办、市供销合作社、团市委等多家单位发出了请求主管函。虽然许文盛甘愿用个人的全部身家及朋友支持的资金承担一切风险，但除市供销合作社稍感兴趣外，其他单位拒绝了他的请求。

2006年2月，濮阳市供销合作社领导班子经过几次开会研究，终于达成了一致意见，同意做濮阳市农村贷款互助合作社的地方主管部门，配合合作社进行注册。2月17日，濮阳市供销合作社与许文盛达成了一年期的战略合作协议。

双方合作协议的签订，让许文盛心头上悬着的一块石头终于落地，他内心的喜悦和激动无以言表。

2006年7月6日，在中国社会科学院和濮阳市政府的共同支持下，濮阳市农村贷款互助合作社，正式由濮阳市民政局完成了注册登记，核发了豫濮社证字第313号《社会团体法人登记证书》，核准业务范围："引资助农，组织培训农民进行贷款、购销、文化、生产合作活动。"

那一刻，许文盛内心澎湃，热泪盈眶。

三

　　中国最落后的是农村，中国最需要发展的是农村，中国建设社会主义新农村、建成小康社会最难解的困局也在农村。

　　濮阳市农村贷款互助合作社，从开始筹备的那天起，从注册成立的那天起，就把鼎力打造真正属于农民的合作经济组织、造福千万个农民和家庭当作自己的理想和追求。其组织被中国社会科学院确定为"小额信贷扶贫科研试验基地"；其模式设计被时任国务院发展研究中心农村部部长韩俊评价为"所见到的合作金融组织设计中的最完备模式"。

　　"服务社员、发展机构、造福社员、回报社会"是他们的宗旨。

　　"回归群众路线，确立弱势群体和小微企业在机构内的主体地位，以互助金融发展模式解决其组织难、贷款难、收款难、增收难等问题，打造'濮阳农民互助银行'，进而创建'中国农民互助银行'，为农村金融改革探路，服务脱贫攻坚和乡村振兴。"这是他们努力追求的目标。

　　为中国农民的权益而谋划，为中国农民的发展而探索，为中国农民的幸福而创造，为解决中国的"三农"问题、建设社会主义新农村而奋斗！

　　贷款互助合作社的誓言，听来令人热血沸腾：

　　我们走在时代最前列，是和谐社区、诚信社区的缔造者。

欲得人助，必先助人。善行助贷，为穷人解难；组织群众，为国家分忧。不断推动成立村银行（资金互助社、社区银行），让每个家庭都能方便获得贷款。

我保证，全身心投入小额信贷和新型合作社试验，团结同志，艰苦创业，为实现创建农民互助银行伟大目标而努力奋斗！

四

可以这样说，濮阳市农村贷款互助合作社，是探索者、实践者、创造者、奋斗者，从诞生的那天起，就肩负着光荣的职责。

这是一群愿意奉献和付出的人，他们从一开始就知道自己所走的路不是坦途，但他们愿意在泥泞中寻找道路，在荆棘中开拓前进。

有调查才有发言权。许文盛熟悉农村、了解农村。他说："合作社经济，在国内喊了几十年，但是不深入农村考察，很难发现真正属于农民自己的合作社经济组织。重新探索、建立、发展惠及千万百姓的符合'三农'发展的新型互助金融合作社，才能为建设社会主义新农村增砖添瓦。"

葛东良，是一位被许文盛的探索精神、执着追求所感动的农发行老员工，后来主动加入了这个扎根于濮阳广大农村的互助金融组织。他深有感触地说："勤奋、敬业是成就创业梦想的基本要素。然而，时下像许文盛这样执着的人很少有。基于这个人、这种精神给我的感动，我看中了这个新组织，看中了互助金融这个新事业，看中了这里的一批人。"于是一个在银行工作过的老同志，动起了探讨新事物的念想，欣然加入了这支新生的年轻的队伍。

中国有发展合作制经济的探索和实践，也有诸多的经验和成就。中国亟须破解困扰经济发展的"三农"问题，在脱贫攻坚和乡村振兴的伟大进程中，在广阔的农村和广大的农民之中，创建真正属于老百姓自己的合作制经济，势在必行。

许文盛面对那些理解他、支持他并与他一起奋斗的同人，曾经激情满怀地说："只有农民自己发起，真心参与，并让广大农民充分享有各种权益的贷款互助合作社，才是真正农民自己的合作金融组织。让我们真心行动起来，引导农民，发动农民，组织农民，为中国农民创建真正属于自己的合作社经济而努力奋斗。"

五

中国不缺银行，但缺少真正属于老百姓自己的银行。

许文盛立志金融报国，探索互助金融的道路。

许文盛认为，要想真正把农民组织起来，不仅要持续宣传，还需要培养一大批社会工作者，调动农民积极性，激活农村内在的发展潜力，让农民来管农民自己的事情。

传统的银行贷款，难以与客户互动，这也是造成农民借款难与银行贷款回收难的重要原因。

如何克服传统银行存在的弊端呢？

"欲得人助，必先助人。""宽裕时，入股，我助人；困难时，贷款，人助我。"许文盛和贷款互助合作社把"互帮互助"创造性地融入金融创新和实践中，作为互助金融模式的核心文化。

他们深入千家万户，在农村进行广泛宣传，通过组织发动农民入社互助联结利益共同体的形式，吸收广大农民按村庄片区入社，村民成为贷款互助合作社的社员。成为贷款互助合作社的社员后，就有了要求互助贷款的资格，就有了困难时获得贷款支持的优先权。在社员遇到困难需要资金支持时，可以依据自己入股的股金额，获得 5 倍甚至 10 倍的互助贷款的额度支持；社员的资金宽裕时，也会帮助更加贫困更需要资金支持的乡邻。

不仅如此，贷款互助合作社开业后，积极搭建购销平台，开展团购团销活动，代表社员利益与大型经销商或厂家竞价，先后组织了种子、小麦、化肥、饲料、家电、摩托车、东北玉米等 32 期团购团销活动，解决了单门独户竞价力弱的难题，帮社员增加收入 345 万元，而且避免了假冒伪劣产品，增加了机构凝聚力和影响力，成为城乡购销对接的桥梁。

广大农民得到了方便和好处，纷纷入股成为社员。一个又一个的村庄在贷款互助合作社的动员下，成立了村级互助中心。农民在贷款互助合作社的主人翁地位，极大地调动了农民参与贷款管理的积极性。他们知道贷款时的每一分钱都是父老乡亲们的血汗钱，他们要管好自己的钱，不让每一分钱出现风险。

农民一旦组织起来，产生的巨大社会效应与经济效应难以估量，很多原本不可能办到的事情，现在因为农民的积极参与迎刃而解。

许文盛说，当代中国，将农民重新组织起来就是解放生产力。依托小额信贷扶贫科研试验基地这个合法平台，以资金为黏合剂，将农民组织起来，能够最大限度地激发广大农民的互助意识，激发他们潜藏于心的渴望获得帮助、渴望发家致富的内生动力，激发他们在资金帮扶下摆脱贫困、走向富裕的热情和力量。

广大农民的热情参与，让濮阳市农村贷款互助合作社稳步而快速地发展。至 2012 年年底，他们在濮阳县、清丰县、华龙区、高新区和范县濮城镇、南乐县的部分地区，先后创建了 9 个分社，培育了 73 人的员工团队，推动 623 个村庄（社区）成立了互助中心，社员家庭达 15080 户，各项资产总量近 3 亿元，贷款余额 1.61 亿元，累计发放贷款 13 亿元，先后帮助 14800 余户家庭和小微企业主解决了生产生活的资金难题。

由于他们始终坚持小额互助信贷的定位，坚持发挥社员主人翁的积极性，贷款的回收率一直保持在 99% 以上，呆账损失率为零。《新民周刊》赞誉他们"创造了一个金融神话"。

《第一财经日报》《金融时报》《河南日报》等 80 多家国内媒体先后报道濮阳市农村贷款互助合作社，给予了"国内首家农民互助贷款组织""农村金融探路先锋""准农民银行""破解农村金融的濮阳模式""独立的综合性农村建设模式"的肯定和赞誉。

<h1 style="text-align:center">六</h1>

在试验中探索，在探索中成长，在成长中总结经验。濮阳市农村贷款互助合作社在党和政府惠农政策的支持下，在广大农民的热情参与下，走上了快速发展的道路。

2006年12月，中国银监会发布《关于调整放宽农村地区银行业金融机构准入政策，更好支持社会主义新农村建设的若干意见》。这一国家层面的金融政策，为濮阳市农村贷款互助合作社的发展拓宽了道路，让贷款互助合作社对未来的发展充满了信心。

在探索试验中，濮阳市农村贷款互助合作社创立了"总社+分社+互助中心"为框架的双层治理、统分结合的"濮阳模式"。服务农村农民的合作经济组织，为中国农村金融改革提供了"重塑金融与客户关系""探索贷款风险控制模式""创建真正属于农民自己的合作金融组织"的探索。

有中国小额信贷之父美誉的杜晓山教授，是最早支持许文盛创立濮阳市农村贷款互助合作社的伯乐，他对中国农村小额信贷组织的发展情况了然于心。

他说："合作最大的价值是什么？就是服务。随着法律和政策的不断完善，将来这种真正可以由农民主导的、真正为农民服务的金融合作社，就能够由草根长成参天大树。也就是说它能够真正覆盖到更多的农民，真正成为我们新农村建设的一个有生力量。"

杜晓山认为，许文盛的这个贷款互助合作社项目的探索试验，在中国农村算是比较早的，对中国农村的金融改革和探索有着十分重要的价值。

2009年，时任中国银监会合作部主任的臧景范，特别对濮阳市农村贷款互助合作社的发展模式给予肯定并寄予厚望，提出"条件成熟后，可以在濮阳建总行，外地建分行"的建议。

2010年7月，中国人民银行副行长胡晓炼带队的九部委农村信用合作组织调研组，在听取了贷款互助合作社负责人许文盛汇报的情况后，胡晓炼副行长曾向省银监局表达了解决贷款互助合作社转制银行的期望。

2010年，市政府金融办、市银监局也曾有意让贷款互助合作社在濮阳县发起村镇银行，但因其经济总量不大、投资环境欠佳而不得不暂时搁浅。

2011年、2012年，中国人民大学、中国农业大学、北京大学先后发表了对濮阳市农村贷款互助合作社的调研评估报告，肯定了他们以"统分结合、内外互助、城乡互动"为核心的互助金融理念和模式。

中国人民大学农村经济与金融研究所常务副所长马九杰教授对贷款互助合作社给予了高度评价："贷款互助合作社把资金管理技术同群众基础工作结合起来，外力促内生，内联促外引，统分结合，多层互助，这样的发展模式极具推广价值，为提升农村金融的普惠性做出了积极贡献。"

2011年6月，濮阳市农村贷款互助合作社的"濮阳农村社区金融教育培训项目"，从全国各地社会组织推荐提交给世界银行驻华代表处的76个项目建议书评选中脱颖而出。

世界银行专家组对濮阳市农村贷款互助合作社的社区金融教育培训项目给予了高度评价："面向难以获得正规金融机构支持的农民，开展社区金融教育培训，组织动员他们以居住村落为单位，建立自己当家做主的新型金融合作社，体现公民平等获得金融资源的权利。社员作为村银行的主人，不仅有话语权，而且有监督权，贷款能否实施必须经由其他社员对其信用、经营能力、风险补偿等状况民主评议认可，充分调动群众主动参与管理的积极性，也对国家农村金融政策的制定与实施提供了决策与参考，促进了农村金融规范有序发展。"

其实，许文盛与他所创建的濮阳市农村贷款互助合作社，有一个更加伟大的梦想和追求，那就是在中国农村创建一个真正属于广大农民自己的银行——中国农民互助银行。

七

艰苦创业，勇于探索。濮阳市农村贷款互助合作社获得了一些荣誉，如"中国小额贷款服务公众满意最佳典范品牌"等，许文盛荣获《中华合作时报》组织评选的"建国60周年中国农村金融60人'十大优秀人物'"。

河南省委政研室《内部参阅》发表了《濮阳市农村贷款互助

合作社等小额信贷组织值得关注》的肯定性文章；2012 年 9 月，中华全国供销合作总社在成都召开了"中国合作社农村金融服务发展论坛"，许文盛应邀参加并进行了专题发言。

濮阳市农村贷款互助合作社发动群众、组织群众、造福群众，在探索试验之中取得了重大成绩。

八

前进的道路，又怎会一帆风顺？

从 2012 年到今天，又是将近 10 年的时间，许文盛与他的同人们，在创造成绩的同时又会经历怎样的艰难困苦？

《互助：中国乡村振兴的力量》这部书，将告诉你，一个人和一个团队，他们的理想和追求，他们的痛苦和彷徨，他们的执着和奋斗，他们的成功和奉献。

更重要的是还要告诉你，组织起来的中国农民，他们才最有尊严和力量！

第一章

宏大抱负，家国情怀赤子心

中国最落后的是农村，中国最需要发展的也是农村，中国建设社会主义新农村、建设小康社会最难解的困局在农村。从2006年到2021年，15年来，濮阳市农村贷款互助合作社始终在做的一件事，就是团结农民，组织农民，发动农民，培训农民，造福农民，创办农民自己的"互助银行"，让广大农民入社成为股东，让广大农民当家做主人，让广大农民依靠互助的力量改变自己的命运。社员们爱惜自己的机构像爱护自己的眼睛一样，2012年前他们的贷款几乎不用催收，《新民周刊》赞誉他们"创造了一个金融神话"。

第一节　濮阳大地，中华龙乡

濮阳，"华夏龙都"。濮阳是个有故事的地方，濮阳是个有文化的地方，在当今的时代，在脱贫攻坚和乡村振兴的伟大历史进程中，濮阳又会续写怎样的传奇？在此，写一写以金融扶贫、以金融助力乡村振兴的濮阳市农村贷款互助合作社，写一写它的负责人许文盛，写一写他们在这片文化厚重的土地上奋斗的故事、不凡的业绩，还有他们为建设社会主义新农村探索与奉献的精神。

濮阳市位于河南省东北部，黄河下游，冀、鲁、豫3省交界处。此地盛产石油，中原油田是全国有名的大油田，许多人因此以为濮阳是个在荒原上成长起来的城市，是因为石油才发展起来的一个地方。其实，濮阳的历史非常悠久，文化非常灿烂，在中华民族的历史长河中，濮阳有其光辉灿烂的一页。

濮阳古称帝丘。据传五帝之一的颛顼曾以此为都，故有帝都之誉。濮阳之名始于战国时期，因位于濮水之北而得名，是中国古代文明的重要发祥地之一。

上古时期，黄帝与蚩尤的大战就发生在这里，据说蚩尤之首就埋在台前县。被尊为"造字圣人"的黄帝史官仓颉，开创文明之基，今濮阳南乐有其造书遗址及仓颉陵、仓颉庙。

秦统一中国后，为治理黄河水患，曾在此修筑黄河大堤，堤宽20丈，兼作御道，因其坚固无比，后人称之为"金堤"，并留下了"秦始皇跑马修金堤"的美丽传说。东汉明帝永平十二年，即公元69年，大名鼎鼎的水利专家王景，带领濮阳人民修渠筑堤，黄河安澜700余年，令后人念念不忘，铭记其功德。

北宋时期，濮阳一度纳入京畿路，成为京师北辅。宋真宗景德元年（1004年），辽军兵临澶州。在寇准的力谏下，宋真宗御驾亲征澶州。宋以少胜多，大败辽兵。辽军战败求和，双方签订了有名的"澶渊之盟"。此后百余年，两国不再有大规模的战争，百姓安居乐业。

抗日战争时期，濮阳一带一直是冀鲁豫抗日根据地的中心。濮阳人民在中国共产党的领导下，同伪顽势力、日本侵略者、国民党顽固势力进行了艰苦卓绝的斗争，为抗日战争的胜利付出了巨大的代价和牺牲，做出了重大贡献。

濮阳历史文化遗迹众多，这里有春秋时代的戚城遗址、澶渊之盟的见证回銮碑、刘邓大军强渡黄河的将军渡等。从上古到今天，这里的历史文化名人举不胜举，可谓人文荟萃，星光灿烂。

1987 年，在濮阳出土的蚌塑龙形图案，据测定，其年代距今6400 年左右，被专家学者誉为"中华第一龙"，濮阳因此被中华炎黄文化研究会命名为"龙乡"。

作为农业大市，濮阳是国家重要的商品粮生产基地和河南省粮棉油主产区之一，也是中原油田所在地。依托资源优势，着力打造国家重要的石油化工基地、石油机械装备制造基地。在这些光鲜的荣誉和实力之后，濮阳面对的是广阔的农村千家万户发展不平衡的问题。

21 世纪之初的濮阳，很多村庄还是贫困村，很多农民家庭还是贫困户，在他们的基本温饱解决之后，面对的是发展生产的困难，这些困难主要就是获取发展或生活资金的困难。

当他们在婚丧嫁娶、盖房上学、启动生意需要资金支持时，他们除了依靠亲戚朋友之间有限的支持外，很多时候是束手无策的。而那些实力强大的商业银行，对于农村农民的资金需求，基本上是视而不见。即便是农业银行、农村信用社这两个与农业、农村、农民有千丝万缕联系的金融单位，困于机构体系或业务流程，面对农民所急需的贷款支持也十分有限，甚至微乎其微。

在缺少各方面金融支持的环境下，走投无路的农民获取资金的渠道，只好选择高利贷或其他民间借贷，这怎能不加大农民家庭的债务成本，进而影响他们的生活和生产？

其实这种情况在全国大部分农村基本一样，这是中国解决"三农"问题所要面对的重要问题之一。中国农民要摆脱贫困走上富裕的道路，探索、寻找、解决中国农村资金需求的有效途径，不能忽视，势在必行。

中国不缺银行，但缺少真正属于老百姓自己的银行。许文盛和他的团队立志要创立一家这样的银行。

第二节　热血青年，踌躇满志

许文盛深思熟虑之后有了自己的想法，那就是依托中国社会科学院，到自己的老家濮阳去，筹建小额信贷扶贫科研试验基地。2004 年 12 月，许文盛辞去了中国社会科学院的研究工作，带着有关文件材料，从北京回到了家乡濮阳。

时光追溯到 2004 年。

这一年 4 月，因工伤从濮阳市农行退下来休息的许文盛，撰写了《谁为发展中国"三农"买单》等几篇富有见地的金融文章，受到中国社会科学院杜晓山教授的赏识，他被邀请来到北京参加中国社会科学院小额信贷课题研究。

许文盛在调研过程中发现了一些问题。无论是中国社会科学院的小额信贷试验项目，还是商业性银行组织，包括农业银行和农村信用社，在农村的业务都存在着贷款回收难等一些难以解决的问题。各个金融机构或组织，曾经做过的一些贷款，尤其是扶贫贷款，放下去之后，坏账率很高。群众普遍认为，既然是扶贫贷款，那肯定是不需要还的。很多时候，金融组织的工作人员去村里要账时，明明已经来到了借款人家的门口，问人找人的时候，村里人却没人告诉你，哪儿是借款人的家，或者直接告诉你，借款人不在家里。

许文盛认为，商业性金融机构不愿意到农村进行小额贷款，也没办法真正进入农村。为什么会出现这种情况呢？因为农民和银行之间是断裂的关系，是两张皮，农民对配合还债的事情根本没有积极性，他不关心你的资金安全。

在很多村庄，甚至有这样一种不正常却又十分常见的情况。你从银行贷了款，你可以不还，很少有人指责你，因为钱是公家的，你贷得越多，大家还认为你越有本事。

在小额信贷课题研究中，许文盛发现了研究中存在的一些问题：一是所研究的"孟加拉格莱珉银行"模式，不完全适合中国农村的需要；二是中国社会科学院在全国所搞的几个孟加拉模式的小额信贷试点，也还有一些不完善的地方，需要结合中国农村的实际情况去探索新的模式。

2004年12月的一天，许文盛将自己心中的想法向他尊敬的杜晓山老师说了出来：

"杜老师，我想，我们是否可以考虑在濮阳建立一个新的试验基地，主要是发动农民、组织农民入社互助，村庄内外联合，把农民的积极性调动起来，发挥农民的主人翁精神，将这个贷款合作社建成一个真正属于农民自己的银行，困扰试验基地发展的一些问题也许就迎刃而解。"

"小许，这是一个很好很大胆的想法，只是社科院现在没有钱去支持你搞这个试验点。"

"杜老师，社科院没钱不要紧，我愿意倾尽我的家产，再找一些朋友来投资，把这个试验点先搞起来。条件成熟了，您再帮忙引进外资。我对办好这个事情充满了信心，也想趁着这个年龄搞一番事业，为中国农村的金融做点有意义的事情。"

杜晓山点点头，显然对许文盛的想法很支持。

不久，中国社会科学院就有关在濮阳市筹办建立贷款互助合作社的事情，对濮阳市政府专门发了一封商函，委托许文盛与濮阳市政府协商，初步取得了地方政府对这件新生事物的认识。为了尽快促成此事，2004年12月，许文盛辞去了社科院的研究工作，带着有关文件材料，带着使命责任，从北京回到了家乡濮阳，全心全意筹办贷款互助合作社——他心中的神圣事业。

第三节　理想丰满，现实骨感

前人从未走过的路，肯定是荆棘密布。虽然中国社会科学院已经从北京给濮阳市政府发来了《关于探讨在河南省濮阳市筹建小额信贷试验基地可行性的商函》，但作为一件涉及金融的非常敏感的新生事物，当地政府的干部中，有人有尝试的意愿，更多的人担心风险。到底办与不办、搞与不搞这个试点，从市政府到各个部门，大家都在犹豫之中。很多部门的领导和办事人员，对这件事情都抱着宁肯不办也不冒这个风险的态度。

曾经的岁月，曾经的人，曾经的事，虽然都成为过去，但难以忘记。那18个月的经历，为筹办濮阳市农村贷款互助合作社所走过的路，对于许文盛来说，其实就是他人生的一次"长征"，是他追求他心中伟大事业难忘的"寻路记"。许文盛自己称，自己和贷款互助合作社所走的道路，是一条"天路"。"天路"之难，甚于上青天。

作为中国社会科学院小额信贷试验基地，濮阳市农村贷款互助合作社其实肩负搭建资金下乡帮扶农民的桥梁、探索新的合作金融的发展路径、打造真正属于农民自己的银行和探索解决社会主义新农村建设中存在的金融扶贫难题等诸多任务。

许文盛立志把极度分散了几十年的农民家庭，重新发动走互助合作道路，重新组织联合起来，帮助他们摆脱贫困，走向共同富裕。

在许文盛回到故乡濮阳之前，中国社会科学院已经在全国6个地方进行了扶贫性质的小额信贷合作社的建设和探索，虽然取得了一定的成绩，但很难解决贷款回收的问题，也很难解决发展迟缓、难以壮大等问题。

乡村贷款难回收、业务难开展的问题，尤其是扶贫性质的贷款难回收的问题，症结何在呢？又如何去解决这一难题呢？

建立一个真正意义上属于农民自己的银行，让农民成为主人，让农民成为社员和股东，让合作社的利益跟农民的利益紧紧地连在一起，让贷款互助合作社成为帮助千家万户的"农民互助银行"，那么这一切问题，或有可能迎刃而解。

理想是丰满的，现实却是骨感的。

在 21 世纪之初的中国，包产到户、单打独斗的农业生产和生活方式成为主流。如果没有人组织农民，谁又能改变这种困窘的现状？

当时，因为金融审慎政策，国内还没有正规获批的小额贷款公司，也没有获批有农村贷款功能的金融合作社。至于许文盛要筹办的农民互助贷款性质的金融合作社，在当时来说，可以说绝无仅有。

对于具体要负责这件事的领导和工作人员而言，多数人认为，这件事看上去确实是个好事，但发展前景又会怎样呢？既然是试验点，就肯定有它的风险，它的风险谁来承担？对于具体的部门和人员来说，这无疑就是烫手的山芋，谁又愿意去接手、去办理、去承担责任呢？

难，很难，非常难！

如果是换作别的人，或许这件事早早地就夭折了。

这件事遇到了执着的人，执拗的人，撞了南墙也不回头的人。

许文盛说："干一番事业哪有那么容易的事情，只是不知道这件事情的难度这么大，但既然回到了家乡，既然肩负着使命，我就要想尽一切办法，把这件事情办成，不负中国社会科学院领导的重托，不负杜晓山老师的期望和信任。"

许文盛还说："红军长征苦不苦？红军经历两万五千里的艰难长征，最终胜利到达了陕北，开创了中国革命的新局面。我许文盛是农民的孩子，不怕吃苦，不怕困难。这成了我心中金融报国的伟大理想，我愿意不惜一切代价实现它。"

法国伟大的作家福楼拜说过一段大意是这样的话：人的一生中，最光辉的一天并非是功成名就的那天，而是从悲叹与绝望中产生对人生的挑战，以勇敢迈向意志的那天。

许文盛应该就是这样的一个人，一个敢于在逆境中以勇敢之意志去挑战困难和命运的人。他宁愿放弃在中国社会科学院贫困问题研究中心的工作，也要回到濮阳办这样一件难上加难的事情，许多人并不理解，也很难理解。甚至有人认为，许文盛有点疯，这家伙太执拗，是一个不见棺材不掉泪的人。

其实就算是许文盛的家人，当初对他做这件事也是半信半疑，也并不十分支持。他的老父亲，他的妻子，他的岳父，只是听他一次又一次地讲述贷款互助合作社的美好前景，才放弃了对他的反对。

在许文盛的同学朋友当中，因为他的执着和努力，因为他们对他性格的了解和人品的信任，竟有几个同学朋友愿意支持他。在他筹备贷款互助合作社注册资金时，除了亲人们的支持，就是这些同学朋友的支持了。

　　历经千辛万苦去自筹启动资金，目的是要筹办一个未必能成功的小额信贷试验基地。如果一个人没有理想和抱负，没有情怀和追求，想必这样的事情很难执着地做下去。

　　许文盛从未为这件事情后悔过。

　　知子莫若父。许文盛的父亲说："文盛从小就是一个比较好学、比较执拗的人，他认定要做的事情，八匹马也拉不回，就算撞了南墙头破血流了，他还不会死心。他这样的性格，能成事，可是少不了吃苦受罪。他愿意干的事情，明知道不是瞎胡干，就支持他干吧，能支持多少支持多少。这些年，文盛事儿是干成了，可也真是吃苦了。"

第四节　挑战困难，逆境向前

　　时间一天一天地过去了，一个月一个月地过去了，许文盛跑了一趟又一趟的事情还是没有眉目。前路山重水复，放眼弥天大雾。有时候，找人、受气的许文盛，一肚子的无奈和火气，憋得他呼吸都有点儿困难，有时真想站到濮阳的大街上大叫，将心中的无奈、惆怅和无名火气发泄出来。冷静下来的许文盛，还是他那份不达目的不罢休的执着，让他坚信，一定会赢得胜利和成功。

　　筹办贷款互助合作社那18个月艰难曲折的经历，至今历历在目，难以忘怀……

　　贷款互助合作社要在濮阳落地，首先就是要在当地有关部门取得合法的身份。按照中国社会科学院其他试点的情况，当地民政部门可以审批并给予他们合法的身份，但当地民政部门以他们是营利机构为由，没有金融部门的相关批复文件，拒绝办理相关注册手续。任凭许文盛一次又一次到民政局来，一次次拿出相关文件和材料，不厌其烦地讲述这个贷款互助合作社的好处、合法性，但相关部门的领导和工作人员都会以种种合法的理由将其拒之门外。

明明是一件好事，明明能够办理，但一次次就是办不下来。不仅如此，每一次找相关部门的人办事，自己满腔热忱，遇上的是人家的不冷不热不耐烦。

正当此时，有关媒体关注到了他筹办"贷款互助合作社"的新闻事件。《第一财经日报》记者冉学东来到濮阳对许文盛进行了采访。2005年8月3日，《第一财经日报》以醒目标题《许文盛的小额信贷组织"难产"记》，报道了贷款互助合作社迟迟在濮阳不能注册落地的事情，引起了全国乃至世界的关注。

在此，摘录其内容：

8月1日，许文盛又去了一趟濮阳市民政局，就他正在申请的河南省濮阳市贷款互助合作社向濮阳市民政局有关领导进行解释。"因为与现行法律法规有些冲突，在民政局注册有些困难。"许文盛对《第一财经日报》表示。

他说："如果按照社团法人注册的话，就必须是非营利性组织。但是民政局认为这个组织是营利性的，按照现行法律，必须具有金融机构从业许可证。"这显然是他很难办到的，因此这第一家纯粹意义上的民营小额信贷互助合作社就"难产"了。

贷款互助合作社现状

许文盛主持的这个濮阳市贷款互助合作社已经到位的资金有60万元，这是濮阳市银监局经过调查研究确认的数字。许文盛表示，如果能注册的话，先期资金大概能有200万元。

"都是几个有志于解决农民贷款难、有志于农村小额信贷的朋友集资的。"许文盛说，"他们都是一些民营企业家，我给他们明说了，这部分资金只能是启动资金，是为了建立农村小额信贷的一个平台，只能做到保本微利。"

该项目资金来源包括项目一期启动资金60万元（已经筹集到位）、引进外资（包括国外资金、国内爱好贷款扶贫的企业或城市个人投资）、社员会费、社员贷款保证金、政府扶持资金等；在具体操作上，采取中心会议、五户联保、整贷零还、强制缴纳贷款保证金等方式。

不过，他也承认，现在给这些出资人的只能是一个平台建立起来后的远景，希望平台建立后能够吸引外资，而对于出资人的收益部分，在已经制定的濮阳市贷款互助合作社的章程中也还没有明确。

许文盛的这个项目得到了中国社科院贫困问题研究中心的支持。2004年8月，许文盛和中国社科院农村发展研究所研究员杜晓山取得了联系，当时中国农村小额信贷呈扩大趋势，杜晓山认为他发明的"流动贷款"完全可以和孟加拉国小额信贷模式结合，解决农民贷款难的问题。

杜晓山在接受本报记者采访时说，2005 年 1 月中央 1 号文件明确提出"有条件的地方，可以探索建立更加贴近农民和农村需要、由自然人或企业发起的小额信贷组织"。2005 年 4 月国务院发布了《关于 2005 年深化经济体制改革的意见》，更加明确要求："探索发展新的农村合作金融组织……继续扩大农户小额信用贷款和农户联保贷款。"据他所知，央行和银监会正在起草有关试点意见，现在央行的意思就是在有条件的地方可以先试点，然后才能推广。所以，这个项目是符合中央政策大方向的。

杜晓山表示，现在全国农村小额信贷组织已经有 300 多家，资金大概有 10 亿元，但大都是国际多边或双边援助机构和中国官方或半官方组织的合作，由中国民间组织负责运营的。就民营资本设立的农村小额信贷组织，许文盛的这个项目算是比较早的，希望他能够得到当地政府的支持。

《第一财经日报》刊发这篇新闻报道后，引起了国际媒体对中国农村金融改革与探索这一具有重大意义事件的关注。美国《华尔街日报》等媒体很快转发了《第一财经日报》这篇报道，在中国国内产生了巨大的影响。国内关注支持此事的专家学者纷纷来电慰问许文盛，表达对他所追求的这份具有重大意义的事业的理解与支持。

媒体的关注，各界的支持，为许文盛增添了战胜困难的力量。

许文盛瞄准了濮阳市政府和有关部门的领导，每天他早早地就起床，带着他装满材料的黑提包，准时准点赶往濮阳市政府找人办事。市委书记、市长、常务副市长，他敢找；市政府的秘书长、副秘书长，市政府办公室主任，他常找。

除此之外，市银监局、市农村金融改革办公室、市民政局、市工商局、市扶贫办等部门，他也一趟又一趟去找。

无论晴天雨天，无论酷暑寒冬，都挡不住许文盛去市政府找有关部门的决心和步伐。

时间长了，认识许文盛的人都跟他开玩笑：

"老许，又到市政府上班去了？"

"文盛，看样子你现在是正式调来市政府了呀！好，这天天可以见面了！"

"老许，你这上下班是准时准点啊！比我们都准啊！"

"哎，伙计，今天又找领导了，见着人没有？你这家伙真有劲儿，不佩服不中，你要办不成事，那老天爷都不答应。"

玩笑也好，嘲笑也好，面对凡此种种，许文盛不在乎，随你怎么说，我行我素。至于心里的苦辣酸甜，自己清楚就行了。

当初在中国社科院工作时，一个月发几千块的工资，现在辞了这份工作，没了这份收入。每天跑来跑去找人，不花大钱花小钱，反正见个日头都要花钱，而跑来跑去并没得到理想的效果，倒是没少让大家笑话自己。

好在许文盛性格执着，铁了心要办这件事，而且坚信，有党和国家越来越宽松的好政策，有中国社会科学院的大力支持，这个贷款互助合作社，早一天晚一天，一定能够办成。自己宁可嘴磨烂、腿跑折、不睡觉，也要把这个事情办下来，不能让自己的理想半路夭折，不能让杜晓山老师的期望落空。

直到有一天，许文盛看到了濮阳市人民政府针对中国社会科学院的商函而下发的《关于探讨在濮阳市创建小额信贷试验基地可行性再次商函》的收文处理签。这张濮阳市人民政府收文处理签，标明的日期是 2005 年 8 月 17 日，拟办和批示的栏目有濮阳市政府副秘书长张生魁 8 月 17 日的签字：请建国秘书长阅处；李建国副秘书长向阮副市长的请示：该项目属新生事物，带有极大的试验性，此前我曾与社科院农村发展研究所杜书记面谈过，但在注册过程中却有拿不准之处，故民政、工商都不愿办，今再来函商谈此事，请阮市长阅后示之。

这份收文处理签拟办和批示的栏目最后，是阮金泉副市长于 2005 年 8 月 18 日的批示：此事可搞试点，而后再推开。

这张濮阳市人民政府收文处理签，让许文盛看到了他筹办贷款互助合作社成功的希望。虽然他知道距离成功的路还有很远，但这是他为此事努力长达 8 个月之久而盼到的最好的消息。

刹那之间，许文盛内心百感交集，禁不住潸然泪下。

不久之后，李建国副秘书长在市政府主持召开了由濮阳市金融管理办公室、民政局、工商局等部门负责人参加的会议，通报濮阳市人民政府关于中国社会科学院在濮阳市建立贷款互助合作社试点的意见，将阮副市长关于"此事可搞试点，而后再推开"的批示让大家传阅，将自己对这件事的认可意见与大家进行了交流。

李建国针对各个部门的负责人对这件事情的谨小慎微的态度，讲了不少令人耳目一新、振聋发聩的话。

他说，贷款互助合作社是一个新生事物，因为涉及金融而比较敏感，所以大家都很谨慎，这是对的，但我们不能因为谨慎而裹足不前。就现在与中国社会科学院的沟通了解，他们这样的试点在全国已有6个，而且有两个就在我们河南的南阳和商丘，已经在当地注册成立并开展了业务，情况还相当不错。而这一次在我们濮阳要落地的贷款互助合作社，坚持中国社会科学院在濮阳进一步的试点，与此前他们所办的小额信贷试验基地还有所不同，业务上可能更加符合农业农村农民的实际需要，更能调动农民参与的积极性，能够更好地服务濮阳的社会主义新农村建设。这个试点在全国可能也是首创，如果这个试点落地生根办好了，那就是我们濮阳的名片，甚至是我们河南的名片。更重要的是，它的业务将会惠及千家万户的农民。总之这件事，值得我们有关部门认真对待，尽快落实落地，让他们获得合法的身份，尽早开展工作。

根据中国社会科学院其他小额信贷试验基地的注册情况和市政府有关领导的批示精神，李建国副秘书长在这次会议上，明确要求市民政局具体考察、办理、落实这件事情。

李建国副秘书长最后掷地有声地说，我们的会议都有会议记录。如果这件事情有风险，有责任，我愿意承担风险和责任。

此次会议之后，许文盛把主要精力和目标，放到了找市民政局办理注册的事情上。

虽然市政府的会议上，已经将贷款互助合作社注册的事情安排给了市民政局，但落实工作十分不顺利。市民政局对许文盛递来的材料审核又审核，而且派人到有关部门了解情况，最后要求许文盛提供两份重要的依据：一是银监局出具贷款互助合作社的金融许可证，二是贷款互助合作社要有主管部门的主管证明。

后来，银监局针对市民政局明确表态，许文盛他们的贷款互助合作社属于试验基地，办理相关注册手续，不需要金融许可证。

2005 年 11 月，市民政局采纳了银监局的意见，做出让步，不再要求许文盛出具金融许可证，但坚持让许文盛出具主管部门的主管证明。

许文盛将这一情况反馈到北京，中国社会科学院表示愿意做贷款互助合作社的主管部门。情况反馈到市民政局后，市民政局表态，中国社会科学院做贷款互助合作社的主管部门，不符合有关规定，主管部门必须是濮阳市的相关部门才符合规定。

2005 年 11 月上旬，市民政局刘建生局长终于答复许文盛："濮阳没有中央单位做主管部门注册的先例，联系好地方主管单位后，民政局可以接受你们的注册申请。"

事情看似有了进展，却又陷入了僵局。

第五节　山重水复，柳暗花明

许文盛有一种感觉，他觉得贷款互助合作社此次注册的事情，一定能够办成。他说不清楚具体原因，他的这种感觉，是出于对市民政局刘局长的放心，还是出于对市民政局纪检书记刘东升的信任，反正内心有一种敞亮的感觉，有一种看到希望的喜悦。

如果找不到一个部门做主管单位，濮阳市民政局是万万不会推进下一步的注册工作的。

从此，许文盛又开始为寻找主管单位而奔波，盼望能找到一个愿意做自己的主管单位的部门。许文盛先后向市农业局、市扶贫办、市供销社、团市委、县工商联等多家单位发出了请求主管的意向函，然后又一次一次分别去找这些部门的领导，向人家宣传贷款互助合作社的性质和作用。

虽然许文盛甘愿用个人的全部身家承担一切风险，但所有单位最终还是一一拒绝了他的请求。

万般无奈之下，许文盛再次找李建国副秘书长汇报情况，请求支持。李建国首先是安慰许文盛，让他不要太急躁，市政府会想办法帮他协调解决主管部门的问题。

此后，市政府又召开了相关部门的协调会，商议哪个部门更适合做贷款互助合作社的主管部门。根据贷款互助合作社服务"三农"的性质，市政府倾向于让濮阳市供销合作社做贷款互助合作社的主管单位。参加此次会议的供销社主任施留峰、副主任张建新也当场表态，认为这件事是好事情，应该支持，并表示回去后就传达协调会议的精神，努力促成此事。

许文盛会后去市供销社找施留峰和张建新两位主任，详细汇报濮阳市农村贷款互助合作社前前后后筹办的情况。许文盛说："贷款互助合作社将发动群众、组织群众、依靠群众、造福群众；将以互助贷款为工具和黏合剂，团结广大农民，让群众当家做主人，调动他们的积极性；让群众的事情群众管，群众的事情群众说了算，最终把贷款互助合作社办成农民自己的互助银行；让他们有困难的时候，贷款就像买东西一样方便；让最贫困的家庭，在最困难的时候，也能够获得资金的帮助，渡过难关。"

许文盛滔滔不绝的演讲，显然得到了施留峰和张建新两位主任的赞同。

施留峰对许文盛说："在当前各家金融机构服务'三农'意愿不强的情况下，农业农村农民在生产和生活中取得资金的支持比较困难，而你的贷款互助合作社恰恰弥补了这一不足。如果这个试点做好了，一定会产生不同凡响的社会效益和经济效益，会有效地支持正在推进的社会主义新农村建设事业。"

张建新说："实事求是地说，供销社原本有领办农民合作组织这一职责，但这些年种种原因造成了供销社不少人对供销社股金风波心有余悸，业务发展与'三农'需求脱节。如果我们双方最终能达成合作意愿，你们的探索，也会弥补供销社这一块的不足，也可能为全国供销社的发展探索一条切实可行的光明之路。

请你放心，我们供销社领导班子会着重研究这个问题，尽最大可能促成此事，支持你的贷款互助合作社落地濮阳，进行试验和探索。"

对于许文盛来说，在他事业发展的关键时刻，施留峰和张建新既是支持他的领导，又是理解他的知音。直到今天，许文盛对施留峰和张建新一直心存感念。

许文盛说："如果当年不是施留峰和张建新主任的理解、支持和推动，可能贷款互助合作社还需要走更加艰难曲折的路。这件事在施留峰和张建新主任的推动下，供销社开过几次领导班子会、中层干部会和律师听证会，最终决定由市供销社做贷款互助合作社的主管单位，支持贷款互助合作社注册试验。"

2006 年 2 月 17 日，濮阳市供销合作社与濮阳市农村贷款互助合作社签下了为期一年的合作协议。协议规定：濮阳市供销合作社是濮阳市农村贷款互助合作社的主管单位，濮阳市农村贷款互助合作社是濮阳市供销合作社的下属单位，双方合作期为一年。一年到期后，如果濮阳市农村贷款互助合作社运行良好，双方再续签协议，继续合作。

历尽周折，终于有了主管部门，许文盛心中的这一块大石头终于安稳落下了。

有了主管部门，就符合了市民政局注册所需的硬性条件。许文盛以为，贷款互助合作社应该能很快在市民政局获得注册，但事情的进展超出了许文盛的想象。

当许文盛带齐所有注册资料来到市民政局办理注册手续时，

民政局社团科却迟迟不予办理。任凭许文盛怎么说怎么讲，分管社团科的副局长，坚持说贷款互助合作社是营利机构，不符合民政局的注册要求。当许文盛说是刘建生局长同意这样办理时，副局长说，你找刘局长签字去，我们负不了这个责任。

没有办法，许文盛只能去找刘局长。刘局长不在家，在郑州的省委党校学习。许文盛就赶到郑州，找到刘建生局长，说明了情况，请求局长在材料上签字。刘建生局长在材料上签下了依法依规办理的字样，许文盛忐忑的一颗心放下了。

当许文盛再次来到社团科将刘局长签过的材料递上去时，对方还是不给办。人家指出来，刘局长签的是依法依规办理。依照民政局社团注册的相关法规，贷款互助合作社不符合注册的条件，不好注册。我们注册了，就是违规办理，出了事我们是要担责任的。

下面引用许文盛当时写给有关领导的反映贷款互助合作社注册难问题的部分内容，就会更加清楚了解当时的艰难：

一号文件中农村金融改革措施，如果能够落实的话，对农民以及农村经济发展的好处和影响，是任何了解农村情况的同志都能看得出来的。但是，在目前官僚作风盛行的情况下，如何解决试验基地的注册问题，似乎比空洞地讨论其好处更加重要。濮阳市农村贷款互助合作社遭遇注册难题，充分证明了落实中央文件的迫切性。

由于个人金融研究实践以及全国性广泛调查研究，濮阳市农村贷款互助合作社的模式设计中，已经涵盖了一号文件罗列提出的"社区银行""小额贷款组织""农民资金互助组织"的所有内容（参见《互助社项目建议书》）。然而为争取登记注册，2004年12月10日至今，我已经浪费了大量精力。类似情况，国内其他地方同样存在。据我所知，温铁军院长试验的资金互助合作社项目几乎都遭遇了注册难题。

中国社会科学院小额信贷试验基地是国务院、中国人民银行批复的科研项目，市政府高度重视其基地建立：既然中央一号文件已经明确了支持性意见，市政府欢迎中国社会科学院试验基地进入濮阳。然而，因于条块分割状态下的办事体系，虽有市政府支持，我们自2005年5月下旬开始的注册工作同样遭遇了重重困难。

市工商行政管理局的意见是，小额信贷组织在工商注册目前全国尚且没有先例，我们也没有接到上级文件。如果在工商注册，必须提交《中华人民共和国金融许可证》，目前来看，这是根本不可能的！

国内已经运作的300个NGO（非政府组织）基地都是在民政局注册的，我们就把精力放在了争取民政局注册上。然而，民政局注册也是一波三折：最初意见是，一号文件只是指导性意见，河南只有两个县试验，等到全省有一半地区进行了，濮阳才能开始做！就这样第一次退回了我们的申请。在中国社会科学院农发所杜晓山书记和市政府阮金泉副市长、李建国副秘书长的协调下，2005年10月，市民政局以"濮阳尚且没有中央单位直接做主管部门注册的先例，互助社注册必须提供地方主管单位"为理由，第二次退回了我们的申请。

在政府协调下，我们干脆与民政局局长共同商定，找好可以做主管部门的单位，然后我们去做工作。找地方主管部门同样历尽艰难，经过四个半月的努力，我们终于争取到了市供销社的支持，并于 2006 年 2 月 17 日达成了协议。然而，在我们找到民政局后，局长让找副局长，副局长却答复："我们已经请示了省厅，厅里答复社科院在河南的两个试验县都不成功，不能支持注册，我们得听省厅的。"我汇报了市长与局长协商的情况，但说服没有明显效果。

2 月 22 日，新华社发布了 2006 年中央一号文件，我 23 日持下载文件，再找民政局，有关人员答复说："小额信贷属于金融业务，供销社做主管部门不合适，主管部门应该是人民银行。只要能拿来人民银行或者银监局的文件，我们就登记！"

我当即拿出中国人民银行总行、国务院同意社科院试验的批文，并出示了市政府协调银监局早在 2005 年 3 月出具的可行性研究报告，请他们帮忙办理。最后答复说："中央批复不等于地方文件；研究报告不同于主管部门文件。不是不给你注册，你们去想办法吧。"如此这般，第三次退回了我们的申请。

2006 年 2 月 25 日，终于找到民政局局长，答复说："副局长已经给我打了电话，说省厅接到了上级密电，让清理小额信贷组织，停止小额信贷组织注册。我们和省厅联系后再说吧。如果真是那样，恐怕市长也不好表态。"

同时，我们和人民银行市支行货币信贷科冯红涛科长取得了联系。冯科长回馈信息：信用社转移挪用支农再贷款的问题，已经引起了人民银行高度关注。濮阳农村金融市场发展空间很大，人民银行也在探索解决问题的办法。推动小额信贷项目是人民银行的职责，希望贷款互助合作社项目能够在人民银行备案。但是，当我们按照民政局再次提出的要求，请求人民银行出具支持性文件时，市支行请示省行后，却回复我们"省行意见不让我们介入"。

没办法，许文盛再联系市民政局刘局长。刘局长让他找民政局纪检书记刘东升协调处理此事。于是，许文盛提着他装满了材料的黑提包，在市民政局找到了纪检书记刘东升。

刘东升，军人出身，但人白白净净、清清瘦瘦，看上去很儒雅的一个人。许文盛一见刘东升，就将提包里的厚厚的材料拿出来，递交给他，并将一项一项材料的来历和大致情况讲给这位纪检书记听，并将贷款互助合作社的情况和注册前后所经历的情况，也一五一十地讲给这位纪检书记听。

刘东升这位纪检书记听完许文盛的讲述，又一项一项翻看了材料后，很负责地对许文盛说："文盛，你的事情原来就已经听说过了，现在看了这些材料，又听你这样详细地讲了前后的过程，对你要筹款注册的贷款互助合作社有了一个比较全面的了解。作为我个人来讲，一是非常佩服你干事创业的毅力和精神，二是理解你为家乡父老办好事的这种心情和责任，三是我非常认同你互助合作的理念。但是也请你理解，你说要办的事情，可以说在全国都不多见，这是一件新生事物，又牵涉到金融方面的问题，很敏感，大家都会有畏难情绪。既然是社科院的试点项目，而且已经在前期的基础上有几个试点，已经开展工作并在当地注册落户，那我们有什么道理不帮助你搞成这个试点呢？"

刘东升继续说："既然你已经走了这么长的路，费了这么多的心，也不要在乎这一会儿，你就再耐心地等一等，要相信好的事情，终究会有好的结果。现在不说中国社会科学院，就说咱们市政府、市供销社、市民政局，领导们已经支持这个事情，而且你的手续完善得差不多了，我会抓紧时间跟社团科的同志沟通，争取早日办好此事。"

从纪检书记刘东升的办公室里走出来，走出民政局的大门，走到濮阳的大街上。此时此刻，许文盛突然感到春天的太阳是如此温暖，阳光下的草木生机勃勃，绽放的鲜花格外光彩夺目。目光所及之处，是蓝天和白云，还有盘旋着的成群的鸟儿。

许文盛有一种感觉，他觉得贷款互助合作社此次注册的事情，一定能够办成。他说不清楚具体原因，他的这种感觉，是出于对民政局刘局长的放心，还是出于对民政局纪检书记刘东升的信任，反正内心有一种敞亮的感觉，有一种将要看到希望的喜悦。

第六节　披荆斩棘，苍天不负

路虽远，行则将至。2006 年 7 月 6 日，在中国社会科学院和濮阳市政府的共同支持下，注册资金 60 万元的濮阳市农村贷款互助合作社，正式在濮阳市民政局完成注册登记。苦心人，天不负。许文盛终于看到了大地的曙光和那冉冉升起的朝阳……

或许真的到了事情该有重大转折的时候。

2005 年 5 月 21 日，中国社会科学院贫困问题研究中心副主任杜晓山，专程为贷款互助合作社注册的事赶到了濮阳市，与濮阳市政府和有关部门的领导就此事进行了商讨，濮阳市政府表示将加大力度支持在濮阳市建立小额信贷合作社试验基地。

2005 年 5 月 31 日，中国社会科学院贫困问题研究中心又对濮阳市民政局发来了《关于同意濮阳市（县）贷款互助合作社成立的函》。照录如下：

濮阳市（县）民政局：

为探索新型贷款与客户关系，破解农村贷款难和金融组织收款难问题，使更多贫穷农民在贷款帮扶下自立互助发展，摆脱贫困，走向共同富裕，推动农村经济走向合作化、规模化、产业化，根据国务院办公厅［（1999）办 3002 号］、中国人民银行总行［银办函（1999）520 号］和国务院扶贫领导小组［国开办函（1999）41 号］文件"同意你院继续开展小额信贷试验"的批复精神，中国社会科学院贫困问题研究中心与许文盛就在濮阳市建立小额信贷合作试验基地达成共识。2004 年 12 月 8 日，我们委托许文盛携带《关于探讨在河南省濮阳市筹建小额信贷试验基地的商函》，开始了与政府会商、基地筹备等工作。

　　基地筹备工作，得到了濮阳市政府的大力支持。在市政府的部署下，濮阳市农村金融改革办公室、濮阳市扶贫办进行了专题调研，以文件形式拿出了《可行性报告》。2005 年 5 月 21 日，我中心杜晓山主任赴濮阳，会晤了濮阳市政府李建国副秘书长和濮阳市农村金融改革办公室、濮阳市扶贫办、濮阳市民政局的有关领导，根据 2005 年中央一号文件和国务院《关于 2005 年经济体制改革意见》有关精神，濮阳市政府表示支持我中心在濮阳市建立小额信贷合作试验基地。

　　我们认为，经过近半年筹备，目前试验基地筹备工作已经全部完成，符合规定程序。我们同意试验基地使用"濮阳市农村贷款互助合作社"（简称互助社）名称向你局申请成立登记。请予审核批准。

中国社会科学院贫困问题研究中心

2005 年 5 月 31 日

　　中国社会科学院向濮阳市民政局发函不久，濮阳市民政局调整了分管社团科的副局长，由刘东升纪检书记分管社团科。刘东升纪检书记安排社团科副科长李文合，具体负责办理贷款互助合作社注册工作。

李文合接手注册工作后，对贷款互助合作社的事情很重视。为了办好此事，李文合走访了几个地方，一是许文盛工作过的农行，二是许文盛的家乡许屯村，还走访了解许文盛的一些朋友，对许文盛这个人有了大概的了解。

李文合说："许文盛办这个事情确实是好事。我去许屯村的时候，许文盛正在村里宣传发动群众，筹备成立村互助中心，做贷款互助合作社成立前的准备工作。许屯村的老百姓说，许文盛是可靠的人，这孩子办啥事都有板有眼，有文化又有好人品，这次回来绝对是给村里办好事来了。我去农行了解情况时，农行的同志都说，许文盛爱思考，有个性，无论是在行里，还是下基层工作，在哪儿都能把自己的本职工作搞好，是省农行和市农行树立的标兵，还写了不少关于农行改革的论文，受到专家们的好评。我向许文盛的朋友了解，他们都说许文盛是干事创业的人，他身上有韧劲，做事又很细心、很认真。他认准的事情，一般都能做得很好。"

李文合说："群众的眼睛是雪亮的。既然大家都认为许文盛这个人靠谱，他做的事情又得到上面的支持，做成了不仅能造福老百姓，还能推进濮阳市的社会主义新农村建设。既然认定是好事情，我们为什么不帮他早一天办成这件事情，早一天让这个项目在濮阳市落地？我把了解的情况及时向刘建生局长和纪检书记刘东升做了汇报，他们都支持尽快给贷款互助合作社办手续，这样贷款互助合作社注册的事就定了下来。"

路虽远，行则将至；事虽难，恒则可成。

2006年7月6日，在中国社会科学院和濮阳市政府及有关部门的共同支持下，濮阳市农村贷款互助合作社，正式在濮阳市民政局完成注册登记。民政部门核准合作社的业务范围："引资助农，组织培训农民进行贷款、购销、文化、生产合作活动。"

第二章
志存高远，凝望星辰与大海

作为农民的儿子，许文盛身上有吃苦耐劳的精神；作为参加工作的职工，他对自己的工作满怀热情；作为一个有理想的年轻人，他对自己的未来满怀信心。许文盛一直是一个勤于思考的人，随着对农行系统的了解和思考，他的内心时时有一种冲动，有时甚至是一种澎湃的激情。于是，许文盛在工作之余拿起了笔，将自己对农行业务的思考，对农村金融发展的思考，倾注于笔端，写成了一篇一篇或短或长的文章。

第一节　许文盛者，何许人也

濮阳市有个濮阳县，濮阳县有个鲁河乡，鲁河乡有个许屯村。1969 年 1 月 6 日，许文盛就出生于这个小乡村。

许文盛的父母虽然都是农民，但许屯村的许氏族人，却大有来历，他们都是宋元大儒许衡的后人。

许衡的长子许师可，明初时移居大名府濮阳衙里庙，后人又迁址濮阳许屯村定居。依许氏家谱推算，许文盛的父亲是许衡第

26 世后人，许文盛则是许衡第 27 世后人。

许文盛对祖上的历史还是比较了解的。

许衡（1209—1281），祖籍怀州河内（今河南省焦作市中站区李封村）。后为避战乱，许衡父母迁居河南新郑，许衡就出生于新郑。许衡是中国元代一位百科全书式的通儒大师，是一位伟大的理学家、教育家、天文学家，他在思想、教育、政治、文学、历法等方面都有颇深的造诣和卓越的建树。

史料记载，许衡家族世代务农，但许衡自幼勤学，天资聪颖。七岁时入学，曾问私塾先生："为何要读书？"先生答曰："考科举，取功名。"许衡再问："仅仅这样？"老师大为惊异。以后每次讲书，许衡都要问个究竟，以至老师对其父母说："令郎聪敏过人，我不能胜任，请另求名师。"就这样，连换了三位先生。长大后，许衡更加好学，因家贫无钱购书，常借书抄书。

公元 1276 年，许衡与天文学家郭守敬一起，共同编定了元代著名的《授时历》，颁行天下。1281 年病逝后，谥号"文正"。著有《鲁斋遗书》等。

历史上，许衡还有一个广为流传的故事。

盛夏时节，许衡赶路，因酷暑口渴难耐。此时，恰见路边有一棵梨树，行路之人都纷纷去摘树上的梨吃，唯独许衡静坐树下不动。

有人不解地问许衡："先生何不摘梨解渴？"

许衡答曰："不是自己的梨，岂能乱摘？"

那人笑其迂腐，说道："世道这么乱，梨树哪有主人？"

许衡正色道："梨虽无主，难道我们的心也无主了吗？"

许衡曾留下许氏家训：

身居畎亩思致君，身在朝廷思济民。

但期磊落忠信存，莫图苟且功名新。

许氏后人，虽开枝散叶于各地，却牢记先人家训，代代相传。

作为许衡第 27 世后人，许家的家风和先人的德行，早已潜移默化地进入了许文盛的血液和骨子里，深深地影响着他的言行举止、为人处世。

从年少时起，许文盛就以先贤为榜样，刻苦用功，勤学好问，梦想有一天能够走出许屯村，干一番不平凡的事业。

20 世纪 80 年代，中国的大学录取人数很少，农村的孩子能够上大学的就更少。许文盛凭着优异的成绩，于 1987 年顺利考上河南省农业银行学校。鲤鱼跳龙门，许文盛从贫穷闭塞的许屯村，一下子就进入了河南的省会郑州，成了一名令人羡慕的银行学校的学生。

当时村里很多人说，文盛这孩子，平常看着就不一样。人家的孩子都在玩，他却点着煤油灯看书学习，咋能考不上省城的学校呢？吃得苦中苦，方为人上人。这孩子早晚要成气候。

有老师说："许文盛这孩子，确实有祖上勤学爱问的习惯，上学的时候，遇到不会的问题，当天学的东西当天必须学会，从不拖拖拉拉，所以他能考上学。这也是上天眷顾。"

进了省城的许文盛，丝毫没有放松学习，在学校里不放弃任何学习的机会。除了在课堂上听老师讲，业余时间他基本上都在图书馆。

当年的学习生活，历练了许文盛，让他感受到了人生的辽远、世界的广阔。他幻想着有一天走出学校的大门，在社会上轰轰烈烈地大干一场。

1990 年夏天，许文盛以优异的成绩，顺利从河南省农业银行学校毕业，被国家分配到濮阳县农业银行工作。21 岁的许文盛从此踏入了社会，成了一名令人羡慕的银行员工。

许文盛的理想在这里插上了翅膀，像雄鹰一样在一望无垠的壮阔的苍穹里展翅翱翔。

第二节   勤于思考，勇于探索

作为农民的儿子，许文盛身上有吃苦耐劳的精神；作为参加工作的职工，他对自己的工作满怀热情；作为一个有理想的年轻人，他对自己的未来满怀信心。

许文盛在农行经历了业务员、出纳、会计、纪检监察、信贷科员、支行团支书、营业所主任、中心营业所主任、信贷科长等众多岗位。他每天除了干好自己的本职工作，就是读金融理论方面的书籍，挑灯夜读，孜孜不倦。人们说知识是大海，永远也学不完。许文盛越是钻研学习，越是感到自己金融知识的不足，此时他才感觉到在学校学习的书本知识还十分有限。在工作当中，要想把工作做得更好，还需要不断学习，积累自己在金融方面的理论知识、工作经验。许文盛越是钻研研究，越是感到农行的现实实践与理论的差距，就加班把自己的感受形成文字，发表在《农行财会简报》等农行内刊和《濮阳日报》等刊物上。

有同事看许文盛学习很刻苦，就善意地对他说："许文盛，你是金融学校毕业的人，知识已经够多了，还这样刻苦学，何苦呢？知识够用就行了。"

许文盛一副书生的样子，笑笑说："知识这东西，学不完学不尽，现在越学越感觉自己在学校学的知识太浅了。趁着年轻有精力，闲着也是闲着，干脆多学点东西，将来总有用的。"

一切的学习都是为了工作和生活。针对老百姓信用观念比较淡漠、对金融知识了解比较少的问题，许文盛主动与濮阳的县乡广播站联办了《金融随话》专题节目，面向农村农民宣传金融知识，受到了很多农民听众的欢迎和喜爱，当时有媒体还曾专门对他的事迹进行了宣传报道。

日子像流水一样过去了，许文盛转眼已经在农行工作两三年了。

许文盛熟悉了农行的运转机制和工作方法，对农行的优势和劣势以及存在的问题，都有了比较多的了解。同时，他也熟悉了社会，尤其更加熟悉了农村和农民，他对金融与社会各个层面的关系有了更深层次的理解。

许文盛一直是一个勤于思考的人，随着对农行系统的了解和思考，让他的内心时时有一种冲动，有时甚至是一种澎湃的激情。于是，许文盛在工作之余拿起了笔，将自己对农行业务的思考，对金融发展的思考，倾注于笔端，写成了一篇篇或短或长的文章。

后来，他又把这些文章投稿到濮阳市农行办公室。因为写文章，许文盛结识了市农行办公室的葛东良、张黎明、张西安、张文甫，政宣科的王守建、王晓丽，信息科的孙其学、张虹。

葛东良是濮阳市农行办公室的老人，经常编辑金融理论方面的文章和信息。当他发现许文盛寄来的稿子时，眼前突然一亮，觉得许文盛是一个很有思想的年轻人。他认真阅读许文盛的稿子，发现他写的内容很有新意，有的文章还比较有深度，于是他就亲自修改许文盛的稿子，在农行的内部刊物上发表出来。有时发现许文盛特别好的稿子，他还帮忙推荐到省分行和更高级别的刊物上发表。

葛东良的赏识、支持和帮助，进一步激发了许文盛对金融理论知识的学习和探讨，所写的金融理论文章也就越来越好，越来越有思想和深度，一些文章受到领导和同志们的重视和好评，许文盛成了濮阳农行金融理论方面的年轻"专家"。素不相识的省农行财会处处长李石成认为许文盛"金融理论过硬"，专门向濮阳县市农行的领导们推荐。

1993年，年仅24岁的许文盛，写下了他有关金融理论探讨方面的重要文章《挑战，机遇，竞争——新形势下农行发展战略杂谈》。他在文章中提出，农行必须在不断改革中寻求发展，城乡联动，通过农村包围城市，实现战平或战胜其他商业银行的目标。

这篇文章不仅受到葛东良的称赞，还受到了市农行、县农行领导的关注。

后来，许文盛又相继写出了《忧患　创新　发展——来自农行一线经营管理的调研报告》等一批有分量的金融理论文章，还完成了长达 6 万余字的重要的金融理论文章《县区农行改革论》。

以实践检验理论，以理论指导实践。许文盛一直十分期待将他的金融理论付诸实践。

1995 年，时任濮阳县农行团支书的许文盛，主动向所在县支行党组请命，要求下乡锻炼。人家都是想方设法从基层调往县农行，许文盛却要求从县农行机关调到基层去锻炼。县农行领导对许文盛的这种责任意识、担当精神十分肯定。

1995 年 5 月，濮阳县农行正式任命许文盛为濮阳县农行习城营业所主任，满足了他下乡锻炼的愿望，也期待他能在这个老大难的习城营业所，开创出一片新天地。

果不其然，许文盛来到习城营业所后，理论结合实践，争取县农行和乡党委乡政府的支持，大胆进行内部改革，团结各方，化解矛盾，扎实有效推进工作，不仅解决了习城营业所多年遗留的诸多疑难杂症，还成功打造了闻名河南农行系统的"流动银行"和"信贷资产质量八五二达标习城案例"，被省市县农行号召在系统内学习，并推举为"中青年干部必须提拔对象"。许文盛也因此获得了许多荣誉，被市农行推荐在《濮阳日报》参加第一届"濮阳市十佳青年"竞选。

第三节　"习城案例"，"流动银行"

1995 年 5 月，一腔壮志的许文盛，从工作安逸的县农行机关，来到濮阳县农行位于黄河滩区、地理位置偏远、经济落后的习城乡，任习城营业所主任，这一年他 26 岁。

所有的人都不认为这是一份好工作，到习城营业所任主任将是个苦差事，将要面对的是诸多问题。很多人弄不清楚，许文盛为什么放着农行机关轻轻松松的工作不干，非要主动要求到基层去锻炼？

对于许文盛来说，他把这份工作当成了实践自己金融改革理论的宝贵机会。他下定决心，要在习城这个地方理论结合实际，干出一番事业来。

一路风尘仆仆来到习城乡的许文盛，现在必须要面对习城营业所的现状。习城营业所这"一亩三分地"并不大，但这块地可是一块坑坑洼洼的地，并不好耕种。

习城营业所地处豫北地区的黄河滩区，是一个距县城 40 多公里的农行基层营业所，全所只有 5 个人。截至 1995 年，这个营业所建立整整 40 年了，各项存款不足 400 万元。在仅有的 253 万元贷款中，不良贷款占比高达 79%，而且贷款数量十分零星分散，多达 548 笔。更严重的问题是，前任营业所主任与供销社主任打架，乡政府向县农行要求换人。营业所内外交困，业务经营困难重重。

此时此刻的习城营业所，存在三个严重的问题：一是银企关系极度恶化。在营业所贷款100多万元的乡供销合作社，已经断绝了与营业所的各项业务往来。不仅如此，营业所占用供销社地皮正在施工建设的办公楼，屡遭供销合作社阻止施工。二是银政关系也极度紧张。习城乡党委乡政府对营业所的工作十分不满意，直接把乡资金账户全部迁往了别的金融机构，同时还宣布要封堵营业所的大门，要求营业所停止在乡政府大院办公，限期迁出乡政府的大院。三是管理混乱。营业所内部的工作缺少组织和计划，贷款业务中，越权违章的事情时有发生。加上银企、银政关系紧张和老百姓信用观念淡薄，造成贷款回收难，不良贷款占比高达79%，远远突破了农行系统规定的风控比例。

面对重重困难，年轻的许文盛主任该当如何解决？

调查研究之后，面对种种棘手的困难和问题，许文盛深思熟虑，寻找着解决困难和问题的办法。最终，他团结全所员工，针对营业所存在的问题，发扬民主，开诚布公，要求大家一起想办法克服困难，丢掉包袱，谋求发展。

1996年年初，习城营业所结合实际情况进行了一系列大胆的创新和改革：营业所制定实施了"全员岗位风险承包责任制度""全员绩效考核账""工资差额浮动管理""外勤跨区承包，绩效挂钩，盘活小农贷"的管理措施；统一了"服务是立所之本，互惠互利是外部往来基础"的思想；明确了"盘活资金求生存，规范管理谋发展"的工作思路；提出了"民主治所，安全建行，团结勤奋，开拓创新"的治所宗旨；推行了"抵（质）押贷款、限制担保贷款、杜绝信用贷款"的办法；开始探索"流动银行"等便民服务新项目。

大家在许文盛的带领下，紧紧抓住"提高资产质量这条主线"，连续 15 个月团结奋战，开展了一系列艰苦卓绝的工作，最终解决了上述三个严重的问题，迎来了习城营业所历史上前所未有的良好的工作局面，营业所从此开始走上快速稳健的发展之路。

他们的具体工作到底是怎么做的呢？他们在一年多的时间里到底创造了什么非凡的成就呢？

许文盛心里非常清楚，要想改变习城营业所的被动局面，必须搞好与乡党委、乡政府和乡供销社的关系，化解以前存在的矛盾和僵局。许文盛多次主动去找乡党委、乡政府、乡供销社的领导，坦荡热忱地与他们沟通交流，在谈话之中有意无意地宣传县农行支持地方经济发展的惠农政策，征求他们对习城营业所改革措施的意见，对习城营业所过去工作中的不足，十分诚恳地向他们表达了歉意。

与此同时，许文盛还针对地方政府的规划项目，主动建言献策，让乡政府及时终止了规划发展的小型造纸厂项目。小造纸厂具有污染性，生产和经营都十分不易，这个项目如果不及时终止，可能会给乡政府造成严重的财政损失。这个项目的及时终止，为乡党委、乡政府响应县委号召的富民工程腾出了大批资金，乡政府对许文盛的建言献策十分感谢。

在此基础上，营业所征得县农行的大力支持，扶持乡政府发展了面粉厂、养鸡场等小型企业，帮助习城乡一举结束了长期存在的工业项目空白的历史。许文盛用积极的金融行动赢得了乡党委、乡政府对县农行和习城营业所工作的满意和支持。对于习城乡供销社来说，许文盛也对他们的发展建言献策，以资金支持业务发展，乡供销社上马了酿酒厂、面粉厂及粮食购销等新业务，成了县市供销社系统改革发展的亮点。

在几个月坦荡真诚的交往中，乡党委、乡政府和乡供销社的领导们感觉到了许文盛的热情，更感受到了许文盛干事创业的激情，都改变了从前对习城营业所的态度，逐步开始配合和支持营业所的工作。

在乡党委、乡政府的支持下，习城乡政府的发展规划和各村的规划项目都会及时反馈给营业所，营业所支持乡里开发的项目，他们也会及时履行手续；乡党委、乡政府考察发展项目时，都会邀请营业所一同参加；需要扶持项目贷款时，乡政府会让经济实力比较雄厚的农经站提供担保，营业所和乡政府共同承担贷款风险。如此一来，乡政府成了营业所各项工作的坚强后盾，营业所成了乡政府发展经济的支持者。

1996 年，乡政府配合营业所进行依法收贷，使营业所的 138 万元老风险贷款，基本上全面消化，全乡贷款由 253 万元增加到 305 万元，原来的 548 笔贷款合同压缩为 114 笔，并且有效担保抵押高达 91%，全乡的风险贷款占比由原来的 79%，下降为不足 9%，1997 年年底，营业所在全乡投放的项目贷款，在乡政府的配合下，全部如期收回。

值得特别提及的是，1996年夏天的一天晚上，乡供销社一处房子突然着火，闻听消息的许文盛，立即带着营业所的工作人员赶去救火。许文盛冲在最前面，顺着梯子爬上房顶准备泼水救火。手忙脚乱之中，许文盛突然从梯子上摔了下来。

大火扑灭了，保护了乡供销社的财产免受更大的损失，许文盛却因为救火而摔伤了身体，落下了5级伤残。他在休息了一段时间之后，仗着自己年轻，依然带着伤残的身体坚持工作。他的这种舍己救火的精神，彻底让周围的人对他心生敬佩，特别是乡供销社的领导，更是对他刮目相看。

营业所与乡供销社关系得到了恢复，乡供销社将原来所贷的109万元贷款，向习城营业所办理了房地产抵押登记手续。此举使营业所的109万元风险贷款得到化解，成为1996年上半年濮阳市农行盘活企业贷款中最浓墨重彩的一笔。不仅如此，乡供销社在重新开始向营业所偿付贷款利息的同时，还将他们的经营账户全部迁回了习城营业所，双方成了友好合作单位。

在重新搞好与乡党委、乡政府和乡供销社的关系的同时，许文盛又于1997年4月，在习城营业所推出了"流动银行"经营新模式。

何为"流动银行"呢？

"流动银行"是许文盛深思熟虑推出来的。后来他在创办濮阳市农村贷款互助合作社时，更是将"流动银行"的工作模式，广泛推广到贷款互助合作社的工作中，对于贷款互助合作社的发展壮大起到了积极的作用。

提起"流动银行"，今天的许文盛，就会想起当年他在习城营业所推广这一模式的情景。

许文盛说：当年省农行武刚到农行濮阳县支行挂职副行长，视察习城营业所时，对我们清收贷款取得的成就感到惊讶，鼓励我们将老贷款大体盘活后，要把存款和贷款工作进一步搞好，将习城营业所建成农行系统的优秀营业所。他的话对全所人员是一种巨大的鼓励。

如何把习城营业所的工作搞得更好呢？许文盛发现这样一个基本事实：相比于农村和千万农民的生产生活需求，营业所提供的资金服务还远远不够；相比于信用联社，农行与乡村支部和村民的联系也远远不够。怎样寻找一种快捷的途径，通过优质服务，最大限度地加强营业所与农村农民的联系，最大限度地取得农民对营业所的信任呢？

许文盛还注意到，在农村市场上，尤其在乡间，信用社人员具有明显的乡土血缘和网点优势，他们的大小网点遍布乡村，信贷工作人员也大多来自各个乡村，每一个人每一个网点都形成了一个比较固定的信用网络，与农村农民形成了比较密切的关系。而农行呢？在每一个乡镇只设立了一个营业所，这一个营业网点，怎么能比得过信用社在农村"点多面广"的优势呢？营业所唯一的优势，就是有一个国有银行的金字招牌。

当时，城市银行之间因为竞争已经推出了"汽车银行""电话银行""电子银行"等便民业务。联想到银行创始之初，在集市上开展业务的"板凳银行"的历史，这让许文盛深受启发。他想，通过这两年的努力，习城营业所已经与乡村两级政府包括供销社、粮所建立了良好的关系。在这个基础上，营业所可以在这个地方广泛地开展业务。

营业所的外勤曾广爱去乡村办业务时，经常会有农民把现金委托给他带回营业所存款。针对这些情况，习城营业所如果赋予外勤人员在各个乡村办理小额存款、贷款、汇兑等业务的便利，那每一个流动的外勤，岂不就是一个个深入乡村、深入千家万户的独立、快捷、方便的"小小的银行"吗？这一个个流动于乡间的"小小的银行"，岂不就是一个个便民服务的"流动银行"吗？

1997年4月，习城营业所推出了"流动银行"的工作模式。在全乡范围内，营业所的两个外勤，每天固定时间在乡村间宣传并办理相关业务，把农行的服务由乡镇机关送到千家万户的家门前。虽然辛苦了外勤，却便利了百姓，加强了乡村农民与营业所的联系。营业所还把业务扩展到80里外的县城和市区，依托县支行大库和营业所的核算账户，限时上门为车管所、保险公司办理收款服务，让客户足不出户就能办理业务，给他们带来方便，让他们真正享受到"客户就是上帝"的优质服务。

因为快捷、方便、实用，"流动银行"这种业务一经推出，便焕发出了巨大的生命力，对于习城营业所的业务起到了巨大的推动作用。仅仅在三个月之内，就办理了现金收付770万元，考察贷款项目35个，贷款86万元，吸收存款户53个，存款200万元。不仅如此，习城营业所还成功改变了 1996 年当地洪灾后存款急剧减少的情况，提前半年完成了县行下达的全年存款任务，成为全县农行中唯一存款超过本乡信用社的营业所，受到市农行的表彰。

许文盛说："流动银行的工作量很大，工作方式与游击战很相似。流动银行的工作量至少是营业网点 10 倍以上。如果没有极强敬业精神的工作人员，流动银行想达到预期的目的也会很艰难。习城营业所之所以能创造优异的成绩，是全营业所的同志们为民服务、开拓业务的结果。至今想来，依然很怀念在习城营业所工作的日子。"

1996 年年底，习城营业所贷款逾期占比只有 6%，呆账催收占比 5%，赶在全省农行"清收盘活年"活动之前，在濮阳市农行系统率先达到了国际商业银行通用的"八五二"标准。

1997 年是河南省农业银行系统"资金盘活年"。3 月，农业银行河南省分行副行长范来成率分行信贷部及金融专家，来到习城营业所检查验收资金盘活工作。在分行盘活年之前，一个 40 多年历史的老牌营业所实现了净化资产，范来成副行长对此给予了高度评价，称赞习城营业所"资金盘活力度大，工作管理很规范"。

1997 年 7 月，习城营业所被濮阳市农行授予"信贷资产质量八五二达标单位""规范化管理单位""提前半年完成全年利润任务单位""提前半年完成全年存款任务单位"。

1997 年 9 月，许文盛被濮阳市农行宣布为"中青年干部必须提拔对象"。

1997 年 11 月，农行河南省分行办公室再访习城营业所。《河南农行简报》刊发了《责权利于一体，外加内控监督——习城营业所新机制见成效》的专题文章，习城营业所的工作经验、改革措施得以在全省农行系统介绍和推广。

奋斗的青春最精彩，奋斗的岁月最难忘。

从一个偏远落后、困难重重的农行基层营业所，到一个闻名河南农行系统的先进营业所，许文盛用两年多的时间，将他的金融探索与实践相结合，以奋斗和奉献的精神，在农行系统创造了一个奇迹。

第四节　三十而立，豪情满怀

1998 年年初，许文盛作为濮阳县农行重点培养的中青年干部提拔对象，参加了濮阳市农行中心营业所的改革，并被任命为濮阳县农行最大的营业所——白罡·梁庄中心营业所主任。

这个营业所违规经营多、信贷质量差、经营亏损严重，营业所账内贷款 803 万元，账外余额高达 6700 万元，相当于账内的 8 倍还多，还有一桩涉及本息 1.2 亿元、被检察机关认定为"中原第一案"的账外非法融资案。

许文盛任职后，日夜开展工作，针对此案进行了调查研究，然后制定了解决方案。在县农行和有关部门的配合支持下，经过半年多艰苦卓绝的工作，许文盛最终成功将这桩涉及 1.2 亿元的账外集资案妥善解决，稳定了当地的金融秩序。

1998 年 7 月，许文盛被调入濮阳市农行企业管理委员会，参加了一笔涉及 8.4 亿元的资金抢险，他运用丰富的金融理论和实践经验，积极建言献策，为这次资金抢险做出了自己的贡献。

实践出真知，总结出经验。

1999 年，三十而立的许文盛，已经在一线实践中提炼、总结出了八篇关于农行金融改革、金融探索的理论文章。2001 年 4 月，他将这些文章改写成了一篇具有指导农行金融改革的重要文章《忧患　创新　发展——来自农行一线经营管理的调研报告》。

在此，特摘录其引言一节，以飨读者：

改革开放 20 多年来，中国的国民经济已经发生了重大变化，其中国家金融体系的变革尤其深刻：国家金融体系确立国有专业银行企业化经营，国有专业银行转化为国有商业银行，中国加入世界贸易组织，逐步对外开放金融市场，中国银监会挂牌成立……种种变革不仅为中国银行业解绑松缚，使之从行政出纳中解放出来，而且按市场规律合理组合了经济中至关重要最为活跃的货币，给银行业带来了蓬勃发展的生机与活力。

种种变革，不仅确立了中国的中央银行制度，建立了国有商业银行为主体、其他金融组织并存的金融体系，揭开了一个竞争时代的序幕，而且把银行推向了市场，把金融推向了国际，实现了与国际金融的并轨，宣布开始了一个更加激烈、更加残酷的竞争时代。

种种迹象早已表明，中国银行业划时代的时刻已经到来。

改革，给国有银行不仅仅带来了机遇，而且带来了更多残酷的挑战。对于农行而言，改革带来的种种挑战不仅来自外部，而且更多源自农行本身。农行能否克服种种缺陷，顺利实现向商业银行转轨，最大的关键在于农行人能否清醒地认识形势，克服传统陋习及种种缺憾，完成思想转型并上升为具体行动。

必须承认，没有革新的一代农行人，就没有跨时代发展的新农行。

当代中国金融业，早已进入了群雄并起的战国时代；股份制银行的崛起，彻底终结了国有银行一枝独秀的时代；中国加入世贸组织，外资银行涌入中国，国有金融生存环境日趋复杂化。

狼来了！光说不练，终归不行！面对现实，农行每个员工、每个决策者，都必须对自己、对农行进行深刻的忧患反思，并做出清醒的抉择：要么抓住机遇，迎接挑战，积极参与竞争；要么被淘汰，成为历史罪人！

许文盛还在他文章的《忧患论》一节中大声疾呼：

当前农行，内忧外患，地域、历史、人才、管理、体制等多方面因素，困扰着农行经营，束缚着农行发展，但归根结底我们不得不承认，农行人的意识形态和农行人的具体行动，才是造成农行经营被动的现状，影响农行向商业化转轨的根本原因。因为农行商业化转轨顺利与否，银行经营的成败，根本取决于农行人的观念更新和具体实践。新一代农行人如果对严峻形势依然麻木不仁，我行我素，当一天和尚撞一天钟，不能在忧患中感知形势并适应其变化要求创新工作，则被遗弃的不仅仅是自己，葬送的一定是农行发展的前程。

如果每一个农行人都能正确清晰地认识当前形势，善于忧患，善于思考，善于学习，在忧患中找准自己的位置，为农行适应竞争生存和发展而积极创新地工作，那么，农行一定能不断解决矛盾，不断创新发展，农行才最终有希望在激烈的竞争中战平或战胜国内和国际其他银行。

我们生活在改革时代，我们生活在开放的世界。市场经济，百舸争流，受实力限制，挤垮任何银行短期内都无异于痴人说梦。农行有农村可以倚重，直面竞争压力，忧患创新，农行就会完全有机会巩固现有农村阵地，稳住阵脚并发展城乡业务，最终实现城乡一体化健康协调发展。

许文盛在文章的最后，满怀一腔热血和热情，掷地有声地呐喊：

弄潮波峰浪尖，谁最风流？群雄逐鹿，鹿死谁手？竞争之下，众生平等；公平竞争，农行依然大有机会。挑战当前，既然国家无心撤并而可以保留农行，我们就无权抱怨条件如何艰苦，转轨的包袱多么沉重，更无权消极懈怠。只要我们有9亿农民在，我们就可以率先抢占并巩固全国各地80%的地域；只要我们兼顾城乡打好城市牌，我们就有希望走农村包围城市的道路，在全国占有较大的市场份额。

让我们无畏并直面挑战，用我们的热血培育农行这片沃土，用我们的汗水浇灌农行之花，用钢铁之躯推动农行之车。我们坚信，农行一定能跻身于世界金融界强者之林。对此，我们豪情满怀！

第五节　大声疾呼，改革农行

2001 年以后，许文盛继续关注农行的改革进程，继续发挥他的理论探索之长，书写金融理论文章，字里行间都透着他的家国情怀、责任担当。

许文盛常说：国家兴亡，匹夫有责；农行改革，事关成败。吾辈农行人，人人有责，自当努力。

2003 年 7 月，34 岁的许文盛，终于呕心沥血完成了他重要的金融改革、金融探索理论著作《县区农行改革论》。他的这部著作，长达 6 万余字，当时成为国内唯一以县区农行具体改革为中心、真正紧密结合一线实践开展的研究成果。

在此，特摘录其中的《战略农行》章节，以飨读者：

第一节　特色农行

我们进行理论研究的方向和方法：一是要认清国情与行业特殊情况，研究人员必须从一线实践出发，对所研究行业的行情有全面清醒的认识；二是研究必须以能够调动一线人员积极性、科学调配现有资源为立足点；三是改革必须与现实实践要求吻合，要有行业特点，走特色发展道路，才能够保证激发活力。

当前中国金融界，四大国有银行在国内银行业一直占据主导地位。国家决策层和研究界普遍认为：虽然四大国有银行在共和国银行业50多年建设中，缘于国内政治、经济发展的长期影响，产生了一系列这样那样的诸如国家信用保障机制之下的"公共寻租"之类问题，但是这些和国家发展金融、服务国家经济建设的整体原则并没有产生很大的背离，中国国有银行不良资产尚处于国家可以控制的水平。至今，传统的四大国有银行专业分工在政策面没有发生根本性变化，国家也从来没有透露过任何要打破银行专业分工的口风。况且，日益发达的社会分工也客观需要银行业保持一定的专业特性差异。因此，借鉴西方发达国家银行业管理经验，各银行保留自身特性是完全必要的。所有这些都决定了除非国家对国有银行区分城乡而进行战略性合并重组，否则在以后相当时期内，四大国有银行保持特性是完全必要的。所有这些都表明了，不仅现在，即使将来，固有特性不断发展并逐渐形成特色正是各家商业银行的生存基础。

当然，改革开放20多年来，中国银行业已经由四大国有专业银行"四分天下"的局面而进入群雄并起的"战国时代"。面对股份制银行、区域性银行的迅速崛起和中国对外开放金融市场后外资银行的快速涌入，严峻的形势对于中国国有银行而言，绝不是空喊"狼来了"那么简单，更多需要的是勇气、智慧和实干。

改革带来的不仅仅是机遇，而且带来了更多的挑战。挑战当前，作为当代金融人，我们不仅要忧患、思考、研究中国银行业的发展规律，从战略部署角度把握中国金融业的发展前景与方向，而且要通过各大银行客观存在的种种共性特点和差异，发现所在银行的特有客观属性，制定符合本行实际的发展战略和切实可行的发展步骤，确保本行的顺利发展和各项改革目标的顺利实现。

对于农行而言，区别于其他国有银行的政策基础是服务农村。失去农村，农行就丧失了生存的土壤。同时，缘于农行长期服务农村、城市业务起步较晚的客观情况，点多、面广、机构庞大、效益偏低、人员素质不高、城乡之间网点分布和业务发展不均衡，成为农行的最显著特点。这些特点从根本上决定了农行具有采取区别于其他银行战略的必要性。即农行战略必须符合农行农村地域广大、城市业务滞后的实际情况和要求，必须具有显著的农行特色，必须能够最大限度地调动农行一线员工和客户积极参加农行建设的积极性，必须能最大限度地发展农行。这正是特色农行战略的基本出发点。

第二节　战略方针

农行要改革，农行要发展。农行目标是战平或战胜其他商业银行！这是时代赋予我们每一个农行人的神圣使命。当然面对激烈的挑战，能否抓住机遇，是一个策略性的问题。确定农行长期发展战略十分重要。

综合当前研究，从农行舆论导向上大体可以归纳为三类。其一，改革传统业务，开发边界业务，争夺城市业务，收缩乡镇业务，主导农行由农村转向城市，主要体现在城市群体。其二，主张固守传统农村阵地，认为城市业务非农行主业，片面强调农村业务的重要性，主要体现于城乡接合部管理层中。其三，农行发工资，我干我的活，终日呼酒买醉。口头禅是，银行怎么办？那是领导的事！问如不问，何必多管？有关系什么都有了。

我觉得上述意见都很片面，不仅难称战略，有些甚至是十分有害的。我不赞成第三种人，甚至耻于他们也称农行人，提议把他们清除出农行，净化我们的队伍。前两种意见则都缺乏长期性，不利于农行长期发展。第一种意见固然强调了抢占城市经济制高点，令农行业务有了较大冲劲，但是放弃农村大本营、收缩农村业务绝不足取。它会误导决策层把农行传统优势——农村业务拱手相让他行。相反，第二种意见则过于强调农村基础业务，忽视对城市经济制高点的争夺，影响是导致农行保守经营、发展缓慢、冲劲不足。

在此，笔者试图综合前两种意见及农行的发展形势与机遇，结合农行一线实践经验和教训，对农行新形势下的战略进行探讨，以抛砖引玉，为有志者鉴。

有人说，你一个基层工作者谈什么战略？持这种看法的人与前述第三种人有什么两样呢？毛泽东同志在《中国革命战争的战略问题》中早就说过："学习战争全局的指导规律，是要用心去想一想才行的。因为这种全局性的东西，眼睛看不见，只能用心思去想一想才能懂得，不用心思去想，就不会懂得。但是全局是由局部构成的，有局部经验的人，有战役战术经验的人，如肯用心去想一想，就能够明白那些更高级的东西。"

可见，基层人员不是无权研究经营之战略问题，关键在于你想不想，你是不是关心农行发展。诸葛亮躬耕陇亩，却成就三国鼎足大业。战略的形成本身就是实践经验的升华与凝结，是因实践经验与全局形势紧密结合而产生的。这里一个最关键的问题，即研究战略的人，最要紧的是把自己的注意力摆在全局上面，理清全局与局部的关系。这也正是当前关乎农行经营战略与兴衰成败的根本问题。

当前，正是我国金融业发生重大变革的历史时期，现实改革已经使我们可以清晰地看到国家金融业发生的巨大变化。目前，我国金融业的特点概括体现在以下几个方面：一是原四大国有专业银行转商业银行经营改革初见成效，区域竞争日益激烈，但是势力不均衡。工行、建行、中行以城市为主，农行则在农村占优势，专业竞争潜伏着超出地域限制的契机。二是四大国有商业银行依然占据国家金融业主导地位，控制着金融业主流，但是股份制银行迅速崛起、农村信用社和合作银行迅猛发展、外资银行涌入，国有商业银行实力正不断被削弱。三是国家设立银监会，金融监管力度不断加大，金融建设走向法制化、规范化，逐步和世界接轨。金融竞争是有序而非无序的，某些混乱现象只是暂时的，而不是长期的。四是银行间区域竞争日趋激烈，农行长期发展战略正在缓慢形成。五是农村金融较以往更加复杂化：其一，

1996 年以来，农行、农村信用合作社、农发行三分农村天下的格局已经形成；其二，信用社在农村及城乡之间发展迅猛，农行在农村力量被削弱，网点收缩更加剧了力量对比；其三，国家金融改革促成银行间经营战略的变化，农村金融形势更加复杂多变。

结合当前金融形势和农行经营实际，我们深刻感受到制定切实可行的农行发展战略的必要。毫无疑问，没有长期发展的战略，农行经营将会陷入被动，农行改革将很难成功。

愚以为，当前农行的经营战略必须符合国家战略规划，既进攻又防御，有显著的农行特色，即发展城市不忘农村，巩固农村不忘城镇。只有这样，农行建设才能既有冲劲又有后劲，兼及整体与局部、近期与远期，处理好单位利益和社会利益、眼前利益和长远发展的关系。

由此，我们归纳出农行当前时期的战略方针：区分城乡，协调发展；城乡联动，再塑形象；和好政民，重建（银农）联盟；农金联合，包围城市；把农行建设成为城乡一体化，灵动、高速、稳健发展的现代化国有商业银行。

第三节 战略综述

综上，农行战略方针包括五方面内容：

一、区分城乡，协调发展。它尊重农行城乡业务兼及发展的历史，强调农行城市和农村机构要确立不同的市场定位，各有侧重发展，是建设特色农行的战略基础。

二、城乡联动，再塑形象。它综合了当前重城和重农两种思想的精华，强调农行发展必须兼及城乡两方面、城乡业务统一协调发展和培植企业文化、增强整体素质、塑造形象等内容。重点描绘了农行改革发展的内功策略。

三、和好政民，重建（银农）联盟。前者是策略，后者是目的。强调通过优质服务，重新修好与地方党委、政府及民众的关系。它承认地方父老是农行的衣食父母，地方热土是农行生存发展的故乡家园；反对农行割裂与地方及行政关系，片面苛求银行自身利益；号召重新塑造打不垮的银农联盟。理想境界是银农、银地关系如鱼得水。运作模式是农行以服务地方经济建设为己任，主动服务地方经济建设，按照信贷政策在党政规划内自主选择支持项目；地方政府积极扶持农行发展，帮助农行净化投资环境，为农行经营改革保驾护航。

四、农金联合，包围城市。它取法于中国革命成功实践之"农村包围城市"论，号召农金战线大联合，不断超越，不断发展壮大，最终完成包围城市的目标。包含四层意思：一是农行把农业发展银行、农村信用合作社当作患难兄弟，诚心结交，共谋发展；二是农金联合并不回避三者业务上的友谊竞争；三是农行农村网点要加强与城市网点的合作，主动接受城市先进业务辐射，积极向城市网点看齐，不断缩小城乡业务差距；四是农行在利用农金联盟抵制他行下乡、积极夯实农村工作基础的同时，要充分利用已经开办的城市业务制高点，不断加强对城区业务的渗透，把每一个城市网点当作一颗尖钉，牢牢地揳入城市，坚决扩大城市业务份额，最终形成农村合围城市，实现各项业务城乡一体化健康发展的战略目标。

五、城乡一体化，灵动、高速、稳健发展的现代化国有商业银行。它是农行建设发展的整体目标的综合描绘，是农行建设的理想境界，是农行战平或战胜其他银行的具体体现。

值得说明的是，战略方针之五个方面互相关联，绝不孤立。前四者彼此之间交叉平行，概述了农行创新和发展农行的不同策略，是第五方面的基础。第五方面是农行改革与发展建设的总目标，是农行业务健康发展的最高体现，是每一个农行人责无旁贷的努力方向。

…………

许文盛的这部着眼于县区农行金融改革探索的理论著作，除写了《忧患农行》《战略农行》外，还写了《定位农行》《创新农行》《策略农行》等章节，整部著作结合农行一线经营管理中的实际问题，对农行县区支行的金融改革方向进行了系统的研究和探索，成为当时国内唯一以阐述县区农行具体改革方向和措施为主要内容的理论著作，对县区农行的金融改革具有很强的指导价值。

然而，许文盛到底人微言轻，他呕心沥血的研究成果，虽然在同事们当中得到非常高的评价，但在实际工作中，碍于农行内部体制上的种种原因，却最终未能得到有关方面的重视，当然也就未能在农行的金融改革中得到应用，令人扼腕叹息！

壮志未酬身先残，一腔热血空留恨。

2004 年 4 月 8 日，在救火摔伤致残八年后，许文盛工残休息的请求被市农行批准。他这个曾经具有远大前途的"中青年干部必须提拔对象"，就此结束了他在农行的工作和梦想。

正式从农行退下来的那天晚上，巨大的空落落又沉甸甸的心情，突然像乌云一样翻滚在他的心头，莫名的忧郁和伤痛突然强烈地袭来，排山倒海一般，让他刹那之间有一种痛彻心扉的感觉，竟禁不住泪流满面，失声而泣。

一个没有在黑夜里痛哭过的男人，不足以言人生。

许文盛对此感同身受，刻骨铭心。

第六节　放眼中国，忧心"三农"

福之为祸，祸之为福。人生的挫折，往往孕育着命运的转折。

2004 年，从农行退下来休息的许文盛，才刚刚 35 岁，正是人生奋斗和创造的黄金时代。痛定思痛的许文盛，并没有就此消沉，而是利用退下来的空余时间，沉下心来反思农村金融改革存在的问题，梳理农村金融与"三农"发展的走向和密切关系。此后不久，许文盛心怀赤诚之情写出了《谁为发展中国"三农"买单》这篇探索中国农村金融改革的理论文章，此文发表后一度成为网络热帖，受到有关专家的关注。

因为这篇文章对许文盛而言代表着他的"三农"情结与思想，也关乎着他此后所探索的贷款互助合作社的发展，特在此摘录其中的部分主要内容：

谁为发展中国"三农"买单？一个政策性很强、辛酸而又沉重的话题。

长期从事农村金融研究与实践，耳闻目睹中国"三农"的坎坷、银行等行业的不作为和变相行政肆无忌惮地掠夺，我的良心长期为一种深远的呼唤鞭笞着煎熬着。

作为农民的儿子，我的耳边经常会响起一种声音：发展"三农"，你能做点什么？我知道，那是良知对于责任的呼唤！然而，职能所限，我只能独善其身，用自己拼命的工作来弥补某些同事造成的缺憾。虽曾不止一次想写点什么，但忙困于工作，兼受专业水平的限制，我一直不敢下笔。2004年4月8日，离开岗位，休息下来。收拾心情，我实在无力控制自己的思绪，再一次提笔，我终于选择了它。

虽说我没有把握写好这个沉重的话题，但是我分明看到了乡农的孤独无助，目光中的焦渴与期盼……

我深深感觉到了自己肩负的责任。就让我用心，替生我养我的父老乡亲们呐喊吧。但愿我的呐喊，能唤醒"三农"的觉悟；但愿我的呐喊，能唤来万千同志投资"三农"。则农之幸甚，国之幸甚！

他在文章中深刻阐述了"中国'三农'投资现状"：

扶持"三农"，是全体国民的历史使命！发展"三农"，也绝不是口号能解决的问题。解决"三农"问题，核心在于通过加大投入，推动农民增收。窃以为，没有市场化的投融资机制，增收只能流于空谈。

中国"三农"投资状况迫切需要引起全民的关注。农村金融"失血"甚至"空洞化"，农村金融服务比于农村经济发展的旺盛金融需求的巨大反差，"金融机构不良资产居高难下"和"'三农'贷款难"等问题，已经成为制约农村经济持续发展的"卡脖子"问题。

（1）专家论断：国家资深农村问题专家陈锡文认为，真正进入农村的资金数量非常有限，农业和农村缺乏必要的金融支持。当前我国存在着影响农民增收的五大体制因素，金融体制不适应农村经济发展的要求名列第三。

著名经济学家茅于轼认为，中国农村资本市场暗流涌动，而作为资本市场主力的银行贷款却投入农村较少。这种局面若不扭转，将严重损害农村经济。

各商业银行"农村贷款恐惧症"及"三农"贷款难现象，导致县域内金融机构存差不断扩大，农村金融严重"失血"，导致农村巨大的金融需求无法满足，使"三农"发展"雪上加霜"。

（2）人民银行统计，近年全国银行已经削减了一万多个营业网点，主要集中在各商业银行县及县以下的机构。

（3）作者发现：作者系农业银行在职员工，工作区域位于中部地区河南省北部，经济发展介于发达和欠发达之间。作者长期从事农行一线实践和农村金融研究，从内省角度评价农村金融更贴近实际。

之一，农村金融服务越改越空。改革设想是农行、农发行、农信社三分农金天下，实际改成了目前农信社独力难支。结果，农村金融服务非但没有加强，反倒越来越弱，蓬勃发展的农村经济之于金融日益旺盛的服务要求与农村金融服务越来越少之间的矛盾越来越尖锐！表现有三：第一，农发行集中封闭管理粮棉油收购和储备贷款，县以下无网点，其扶贫开发等贷款全部划拨农行代理，无法参与支农。第二，国有银行信贷支农功能快速萎缩，长期依赖"三农"生存的农行，农村网点已撤并殆毕。以濮阳县农行为例，1998年该行共有营业所（部）31个，其中农村营业所22个。至2003年年底，全辖网点仅余13个，其中农村所仅存4个。按照目前上级农行要求（存款3000万元以下网点必须撤并），2005年前该支行将不再有农村网点。况且，农行近年一直上收贷款发放权限，集中资金营销"水、电、路、汽、桥和烟草"等大型项目，一线网点经营贷款的权利被完全剥夺了。第三，农信社出于降低经营成本、减少工作量考虑，要么转移支农的社会责任，把资金转向城镇企业；要么没有存单质押的贷款不贷或少贷，根本无法满足"三农"发展日益旺盛的资金需求。

之二，农村资金市场求大供小，供需矛盾越来越大。目前，农村，经营贷款业务的只有农村信用社一家机构。农民能够在信用社贷到款的仅是少数，且一定要与信用社某人员有关系才行。

结果，民间借贷十分盛行，农村地下高利贷愈演愈烈。多数的农民，要么借贷无门，要么连年辛劳，所欠债务却多年无力还清，陷入了高利贷"越借越穷，越穷越借"的怪圈。

综上，中国"三农"长期以来一直是弱势群体。在处理"三农"问题，尤其农村金融改革方面，各相关部门远未把"三农"融资问题真正放在应有的地位来对待和操作，这是"三农"问题长期无法破解的最重要原因之一。

如何走出投资中国"三农"的误区呢？许文盛给出了如下的答案：

借鉴中国"三农"问题状况和历史经验教训，窃以为，彻底破解"三农"难题，必须首先澄清三种观念。

1. 没有外来投资，"三农"真的就不能发展吗？

对于"三农"发展而言，任何外来投资显属外因。外来投资虽然对经济发展至关重要，但是任何时候，外资只能是催化剂，绝对不会背离"三农"内因而发生作用！

谁能说，"三农"思想困闭、保守排外和信用淡薄，不是造成"贷款恐惧症"的最重要原因之一？即使目前，在偏远农村，把贷款视同救济的农民仍大有人在。发展"三农"，必须首先从思想认识上解决困扰中国几千年的"'三农'惰性"问题。"三农""开放思想""自我解放""主动建设""跳出农门"乃解决"三农"问题的根本，是决定"三农"发展的内因。只有"三农"自我解放、建设自身的地位确定了，"三农"思想开放搞活了，"三农"发展才能激发出内在的活力，才有希望发挥优势，创造性地带动吸引外资。否则，救人不救心，我们将永远无法跳出"贷款+扶贫＝救济"的怪圈！

当然，利用外资，可以缩短资金积累过程，加速当地经济发展。以致当代人越来越重视外来投资对经济发展的作用，甚至有些地方为招商引资不惜血本降低门槛，对地方经济造成巨大危害，教训必须吸取。

有道是，筑巢引凤，巢美引得凤凰来。"三农"吸引外资，首先要把精力放在自省自强上。否则，再好的投资也会被吓跑的。

2."三农"贷款风险真的很大吗？

笔者长期从事农村金融调研和实践，窃以为，"'三农'贷款，尤其农户贷款风险，并非真的很大！"理由体现在四个方面：

第一，造成当前"贷款恐惧症"的原因在"三农"与银行之间是双向的。一方面，国家法律把银行贷款纳入了民法调整范畴，一般执行两年的时效期，受信用观念和个别农户逃避贷款债务综合影响，银行债权悬空情况不容乐观，一定程度上增加了金融风险。另一方面，农村贷款"散性"分布与银行网点普遍收缩不对称，银行人手不足、从业人员"懒散""畏难""为人民服务观念淡薄"，棚架了对"三农"贷款管理，人为加大了"三农"贷款风险。

第二，笔者多年实践（在农行违规经营比较多的年代，成功创建了某市农行历史上唯一的"信贷资产质量八五二达标单位")证明：贷款质量与经营管理人的责任心和积极性正相关。在银行内部机制不健全、风险约束与道德防范难以奏效的条件下，同一个人管理，银行农户贷款"散性风险"远低于投放大客户的"集中风险"。问题只是散户贷款管理的工作量较大，个别银行人急功近利，把"为农民服务"看作负担，不愿为之！况且，目前银行业"剑走偏锋"，集中资金垒大户，客观上累积了经营风险，有悖"单个客户贷款占全部贷款比不超过十分之一"的国际惯例，并不完全符合商业银行资金运行规律。

第三，"'三农'贷款风险大"，只是某些人规避前些年违规经营损失责任的借口。"三农"与政策性业务一样，成了银行内部个别人转嫁责任的"替罪羊"。

第四，2003年《农村金融研究》发表了《柳河突围》的调研文章，总结农行某支行在大客户贷款大面积死滞后，通过强化责任机制，以散户贷款为突破口，创造性实现收息计划的经验，提出了与笔者实践一致的结论。

3. 投资"三农"一定要国家"包打天下"？回答是否定的。历史经验证明，我们早已吃够了"大锅饭"和"国家救济"养懒贻患的苦头，我们绝对没有让历史重演的理由！

发展"三农"，绝对不能国家"包打天下"！实践证明，在当前国家资金并不丰裕、农民自身素质偏低的情况下，只有"政策引导、市场扶持与'三农'主动寻求自我解放相结合"，才是比较现实可行的路线！

改革 20 多年，国人早已认同了市场的作用。发展"三农"，只有引入市场化机制，才能最大限度促成"三农"思想觉醒、自我解放。发展"三农"，只有引入市场化机制，才能克服以往"行政指令一头热"的不良现象再发生。扶持和发展"三农"，只有更多地发挥市场化资金供应机制的作用，才能激发人们建设"三农"的热情，由压抑被动转化为积极主动，才能最大限度节约资金，争取到"低投入高收益""四两拨千斤"的最佳发展效果。

当然，一再强调充分发挥"三农"自身积极性发展"三农"，绝不是回避加大对"三农"投资的作用，更不是"在农言农"。而是对于提高"三农"素质、净化投资环境、提高项目成功率等来说，发挥"三农"积极性是根本无法绕开的门槛。发展"三农"，当然更需要改革的勇气、发展的眼光、开放的思想境界，跳出"三农"，走"内引外联""工业化""城镇化""城乡一体化"发展的道路。

到底谁应该为中国"三农"之发展买单？许文盛认为，应该多渠道多层次投资"三农"。

1. 政府引导，扶持"三农"发展。如何解决"中央最头痛的问题"，让农民切实增收呢？国际惯例：农业为工业提供早期积累，当工业化、城市化发展到了一定程度，为谋取经济协调发展，工业和城市要反哺农业。当前，中国经济反哺"三农"时机已基本成熟。确立"三农"在国民经济中的基础地位，加大财政支农力度，推动城市、工业反哺农业，引导"三农"发展是政府义不容辞的责任！

发展"三农"，必须求真务实，彻底扭转"三农"投资"思路是新的，口号是响的，任务是硬的，资金是软的"传统局面。2004 年 1 月，中央 1 号文件宣布"国家鼓励农民增加收入"；3 月，全国人民代表大会明确宣布"三年内取消农业税"；4 月初国家财政开始了"对农村种粮户实行财政直补"。一系列措施落地，已然显示了新一届中央动用政府力量，彻底解决"三农"问题，推动中国经济协调、持续、快速发展的决心，让人们看到了中国"三农"发展腾飞的希望。

当然，反哺"三农"，发展"三农"，绝不等于国家越俎代庖。而是必须理顺政府行政职能，引导、管理、服务相结合，以财政支农为手段，引导动员各方面资金力量，切实加大城市和工业对"三农"的反哺力度。

2. 群众互助，抢抓机遇，主动发展。长期以来，尤其在中国南方经济发达地区，群众互助或合伙筹措企业建设资金的形式十分普遍，民营企业据此获得了长足发展。已然取得的成熟经验显示，群众互助或合伙筹措资金，将是未来中国筹措经济发展资金最主要最灵活的形式。

3. 加大对"三农"扶持力度。必须解决农村金融供需不对称的尖锐矛盾，必须深化农村金融改革，强化对金融业投资"三农"的监管，根本解决资金"取之于农，不用于农"的问题。

他还在文章中进一步围绕自己的观点进行阐述：

深化农村金融改革，创建多样化开放性农村金融体系。为使农村金融提供服务更加切合"三农"资金需要，必须构造合作金融为基础，政策金融和国有金融为主导，小额信贷、民间市场和外资银行作补充，分工合作的农村金融新格局。实施中，要坚持"财政、农发行资金引导，群众投入为主，农行、农村信用社与小额信贷紧密结合"的投入原则。

深化农村信用社改革。吸取历史上官办银行的经验教训，去官风，增商气，把农信社改造成"农民自己的银行"。对其资金投向，政策上原则限定在为农业服务的范围内，严禁资金流向城市或非农产业。

中国社会科学院农村发展研究所党委书记杜晓山教授，正是看到了许文盛的这篇文章，感觉到这是一个有思想、有抱负的青年，对他的研究成果非常认可和赏识。当杜晓山教授了解许文盛目前的状况时，立即向他抛出了橄榄枝，热情邀请许文盛参与中国社会科学院小额信贷课题组的调研。

机会从来都是留给有准备的人的。

就这样，许文盛结识了杜晓山教授。2004 年 8 月，许文盛受邀离开濮阳，来到位于北京的中国社会科学院，开始从事中国社会科学院"小额信贷新型合作社试点"的调研工作。

从 2004 年 8 月 19 日到 2004 年 10 月 20 日两个月的时间，许文盛受中国社会科学院的委托，深入河北易县和河南南召县中国社会科学院小额信贷试验基地进行调研，并写出了《就扶贫经济合作社易县、南召试点调研谈小额信贷持续发展方略》，文章受到中国社会科学院杜晓山教授等专家的一致好评。

　　许文盛在这篇文章中对小额信贷试验基地的探索价值，给予了比较客观全面的评价。他在文章中这样写道：小额信贷额小分散，辐射农村实施难度大，管理成本高，但切合中国中低收入人群大、农村地域广、普遍实行家庭承包经营的基本国情，在国内具有广泛的市场发展空间。小额信贷瞄准当前学者们严重关注的农村"金融空洞"，面向不被国内大银行看好但有潜在巨大金融需求的农村金融市场，具有旺盛的生命力。小额信贷以中低收入家庭和农村农户为服务人群，借助一线信贷员的超强度的艰苦工作，把金融服务送进千万农户家门，是当前资金扶贫入村到户最行之有效的途径。

　　小额信贷的实施填补了"金融空白"，创造性解决了中低收入家庭贷款难这一社会性难题，具有广泛的社会和经济意义，是亿万求贷无门的中低收入家庭的福祉。事实已经证明，小额信贷现在已经成为当前农村最成功的金融产品之一，并带来了农村金融市场新的革命。它的有效推广，对于我国农村建设小康社会而言，意义重大，影响深远。

　　民营机构办理小额信贷是实践中的新生事物，小额信贷机构主动营销，送贷上门，整贷零还，收款上门，彻底清除了"衙门作风"，服务比"官办银行"更加贴近农户要求，受到了农户的广泛欢迎。调查中，不少民众赞誉扶贫经济合作社是"有史以来真正为贫困农民办实事的廉洁单位"，充分体现了中低收入农民对民营机构经营小额信贷的由衷赞誉和事实性的认可。虽然探索期的民营小额信贷仍存在着这样那样的问题，但就此促进中低收入人群走上致富道路，社会性扶贫效果明显，推动农村普及信用观念，加速农村经济建设等巨大作用来看，国家倡导多种小额信贷并存，探索解决农村低收入人群增收渠道，可谓一举多得，是利大于弊的明智之举。

许文盛通过调查研究得来的大量的事实证据，认定在农村推广互助性质的小额信贷，是支持中国"三农"发展的有效途径之一。

为将理论与实践相结合，更好更深入地去探索中国农村的小额信贷扶贫工作，也为了让自己多年来对农村金融的探索研究落地生根，一腔热血的许文盛，产生了要到农村去办小额信贷互助合作社的强烈愿望。

从此，许文盛踏上了打造农民"互助银行"、助力扶贫攻坚和乡村振兴的探索之路……

第三章
互助合作，农民团结有力量

要想按村庄或者片区组织农民建立互助中心，必须要深入群众、发动群众，然后把群众组织起来。多年来形成的单门独户生产生活状态下的农民，他们的团结性、凝聚力比较缺乏，对新生事物的认识比较保守，如果没有人去发动、组织他们，要想在农村农民当中进行一场金融改革，注定将会是一场需要百倍努力才能做成的事情。

第一节　从群众中来，到群众中去

中国人说，"万事开头难"。

对于许文盛要创办的濮阳市农村贷款互助合作社来说，当时在全国尚属于探索性、试验性的事情；在濮阳当地来说，那就更属于一件前所未有的新生事物，而且这个新生事物让有关部门有关人员，在很长一段时间内不能够理解，甚至心生顾虑，这也就难怪许文盛要经历18个月的"磨难期"之后，才最终将贷款互助合作社的手续在民政局注册下来，成为一个合法的机构。

在正式手续注册之前，有关部门允许许文盛提前在农村建立一个到两个"农民互助中心"的试点。第一个"农民互助中心"的建立，是贷款互助合作社的"破冰之旅"，是"第一场战役"，只许成功，不许失败。

许文盛非常清楚，农民不懂金融，也不懂贷款互助的事情，他们不可能自发组织起来去办互帮互助的农民自己的银行。农民长期有些保守的生活理念，使他们不愿意冒任何风险去做自己不懂甚至怀疑的事情。何况在他们看来，什么金融啊、银行啊、贷款互助啊，这些在他们眼里是属于与他们几乎不沾边的事情。

要想建立农民互助中心，必须要深入群众、发动群众，然后把群众组织起来。如果没有人去引领他们，宣传、发动、组织他们，多年来形成的单门独户生产生活状态下的农民，他们的团结性、凝聚力比较缺乏，对新生事物的认识比较保守，要想在农村农民当中进行一场金融改革，注定将会是一场需要百倍努力才能做成的事情。

试想，突然之间，当农民还不知道贷款互助合作社是何物的时候，你要推行你的贷款互助合作社，农民怎么会理解并接受？又怎么会去主动建立"农民互助中心"？又怎么会去理解"农民银行"？又怎么会入股加入贷款互助合作社？

靠政府发文件推动能行吗？靠许文盛找几个熟人能行吗？等待农民自觉主动加入这一新生事物可能吗？

显然这一切都是不可能的。

唯有一条路可走，那就是到农村去，到农民中去。

要向广大农民宣传金融知识，宣传"农民互助中心"就是农民的银行这一理念，宣传贷款互助合作社的基本情况，让农民心里清楚贷款互助合作社，就是互帮互助，属于农民自己的合作组织，能为广大农民服务的属于农民自己的"农民银行"。

"从群众中来，到群众中去"，是中国共产党的群众路线的领导方法和工作方法。作为一个共产党员，许文盛知道坚持群众路线的重要性。

为打好这第一场战役，许文盛精心准备了切合农村农民实际情况和实际需求的宣传稿，准确地说是他与农民沟通交流的演讲稿，也是他与农民交心后争取信任的心里话。除此之外，他还制作了宣传单。

他把建立第一个农民互助中心的地点，定在了他的老家濮阳县鲁河乡许屯村。这里是生他养他的地方，是他成长的地方。这里的一草一木，一家一户，男男女女，老老少少，都与他有着这样或者那样的关系。

在他心里，许屯村就是他开创农村贷款互助合作社的试验基地，是进行农村金融改革、助力农民摆脱贫困走向富裕的第一块"革命根据地"。

志在成功，必奋力而搏。

2006年3月，许文盛与濮阳市供销合作社签订协议书之后，就开始投身到了许屯村的宣传工作。那个时候，许文盛还是"光杆司令"，经中国人民大学乡建中心刘老石牵头，河南大学和河南师范大学等学校的大学生志愿者听说了许文盛组织农民搞贷款互助合作社的事情，就联系他把濮阳作为大学生实习点，配合许文盛到村里做宣传工作，这让许文盛很高兴。

在许屯村，许文盛带着十几个实习的大学生，在村里村外，在田间地头，在农民家里，给农民发传单，回答农民的问题，填写调查表，不失时机地宣传贷款互助合作社的事情。

许屯村有2800多口人，500多户，全村耕地有3000多亩，人均耕地一亩左右，年人均收入只有400多元，是一个比较贫穷的村子。多年的贫穷，让这个靠种地为生的村子，除了有一个小养猪场外，没有其他任何的企业。除了外出打工赚钱外，村民基本没有其他致富的门路。谁家里如果稍微有开支大的事情，如婚丧嫁娶盖房子，家里就会捉襟见肘，借钱借不到，贷款贷不到，无奈的农民有时只好借高利贷，有的家庭会因此穷上加穷。

许文盛对这些情况了如指掌。其实他很清楚，不光是许屯村，在濮阳的很多个村庄，甚至在河南、在全国的很多村庄，农民的生活情况大多很相似。早日在许屯村建起"农民互助中心"，早日让他们在需要资金的时候方便获得贷款支持，这是许文盛迫切的希望，也是他回报家乡的赤子之心。

他在宣传中告诉群众："我们在村里要成立的农民互助中心，是贷款互助合作社的基层组织，也叫'村银行'，是一种发放小额互助贷款，具有扶贫、公益性质的合作组织。小额互助贷款是我们为普通老百姓量身设计的金融服务产品，就是不帮富人帮穷人，服务农村急需资金，用于生产和生活的资金。"

有的老百姓半开玩笑半质疑地说："文盛，你放着好好的农行工作不做，来村里搞这个啥'村银行''农民互助中心'，还听说你已经从亲戚朋友那里筹集了 60 万元，这事是真的假的？"

还有见过一些世面的年长的农民直截了当地说："现在都流行啥传销？文盛，你这不会是上人家的当，入了传销团伙了吧？许屯村可是你老家，你可不敢胡弄啊！"

"这'村银行'，啥'互助中心'，真是咱农民的银行？入了合作社，就真成社员了？有了困难需要钱的时候，就真能给钱了？那么多大银行，都不借给咱农民钱，你搞个啥互助中心，用钱的时候就有钱了？就给钱了？"

"天上掉馅饼，这样的好事情，你们谁愿信你们信，反正我不信。谁有钱了谁去入，反正我没钱，我也不当社员，不当股东，不图便宜，不受害，免得上当买不到后悔药。"

村民们无论说什么，许文盛都不生气，因为他知道这是正常的现象。现在他需要做的就是耐下心来，平心静气地做好宣传工作，摆事实、讲道理、拿证据，将贷款互助合作社的身份说明白，让家乡父老乡亲中有思想有智慧的一些人先听懂，搞明白这件事情，并支持这件事情，就成功了。

许文盛首先告诉村民们，濮阳市农村贷款互助合作社，是濮阳市人民政府与中国社会科学院共同商议成立的合法单位，是中国社会科学院在濮阳设立的小额信贷扶贫科研试验基地。在濮阳市人民政府的协调下，现在濮阳市供销合作社已经与贷款互助合作社签订了协议书，答应作为地方主管部门，配合中国社科院，支持贷款互助合作社在民政局注册成立。咱许屯村将建成贷款互助合作社在全濮阳市的第一个"农民互助中心"，也就是"村银行"，方便父老乡亲们入社当社员、用钱来贷款。

许文盛用事实说话，将从北京带回来的相关部门的文件，还有中国社会科学院与濮阳市人民政府的商函，以及与市供销合作社签订的协议书，都拿出来让村民们看，作为说服村民们的有力证据。

许文盛笑哈哈地对大家说："将来咱们的'村银行'建成了，就会让农民贷款像买东西一样方便，甚至有时候比你买东西还要方便。咱贷款互助合作社是干啥的？就是专门放邻居们急需却抓不住的小额贷款，就是人家大银行不愿费事耽误工夫放的小钱，咱来做。咱不怕农村穷农民穷，咱就是为穷人服务。咱学的就是人家孟加拉国穷人银行的做法，就是专门为农村农民和穷人服务的。咱们的贷款互助合作社，也就是这样的'银行'。"

许文盛的话，乡亲们听得懂；许文盛拿出的证据，乡亲们看得清。一段时间的宣传后，不少人对这件事情认可了。

村民杨国臣，原来在村里当过副支书，后来因为办窑厂搞企业亏钱了，就辞去村干部外出打工，欠账差不多还完了才回到村。当许文盛找到他讲贷款互助合作社的事情时，他一听就明白，很支持这件事情。

杨国臣说："这是利国利民的好事情，对农村农民是天大的好事情，咱农民有时候因为急用钱没有钱，真把人急死了。有了咱自己的'农民银行'，村里人有了火烧眉毛的事情，就可以找咱贷款互助合作社救急，关键时候能派上大用场。这事绝对是大好事，我支持，我加入。我还要做其他人的工作，把咱村这个互助中心早一天建起来。"

杨国臣的话，代表了村里一部分群众的心声，这让许文盛非常感动。

第二节　发动群众，与乡亲们说说心里话

许文盛决定再加大宣传力度，将他准备多时的演讲稿、心里话，好好地当着村里的父老乡亲们说说。

在村里干部们的支持下，在杨国臣等一部分觉醒的农民的组织下，许屯村召开了宣传贷款互助合作社的群众大会，许文盛在会上面对面把一肚子的话讲给了乡亲们听。

许文盛的这篇演讲稿，说的是心里话，对于他发动群众在许屯村建立第一个农民互助中心具有特别重要的意义。

我是许文盛，是咱许屯村在外工作人员中唯一从事金融工作的。我 2004 年从农行工残休息后，配合中国社会科学院贫困问题研究中心等单位，从事"三农"经济金融方面的研究与新型农民合作社推动工作。

今天来和乡亲们见面，就是想和大家交换交换思想，一起探讨探讨咱家乡农民如何抓住国家建设新农村的机遇，通过合作互助，增加收入，走向共同富裕的办法；通过与家乡父老的共同努力，创办一个真正属于咱农民、由咱农民自主管理的新型合作社

或合作金融组织。

首先，我向大家介绍一些国家关于农村政策的最新动向。

"农民真苦！农村真穷！农业真危险！"大家听说过吗？这是湖北监利县某乡党委书记李昌平2000年在上书朱镕基总理的信中讲的话。这句话，不仅惊动了中南海，而且在国内引发了一个全新的研究课题——农业、农村、农民，统称"三农"问题。这句话，震撼了众多领导、学者的良知，很多人开始寻求破解"三农"问题的办法，并在各地进行了广泛深入的探索与实践。

今天，在他们的努力推动下，党中央推行了诸如减免农业税等一系列惠农政策。数月前，胡锦涛总书记在中央省部级高层干部建设新农村培训会上，明确发出了"关心农民疾苦，尊重农民意愿，维护农民利益，增进农民福祉"的号召。中央已经把新农村建设，作为中国新时期建设的重要发展目标，列入了国家"十一五"规划。

国家有关新农村建设的总体要求是：生产发展、生活宽裕、乡风文明、村容整洁、管理民主。

国家已经发出了建设新农村的号召！中央尊重咱农民意愿！中央减了咱农民延续几千年的农业税！咱农民种粮还有补贴！国家在"十一五"期间，每年将向农村投入数千亿元发展资金（2006年投入3970亿元，以后逐年递增），对农村进行重点扶持。

建设新农村，咱农民该咋办？下面，我结合咱濮阳实际，就几个现实问题，和乡亲们交换一下意见。

第一个问题，谁是新农村建设的主人？

谁是新农村建设的主人？农村是咱农民的家园，是咱农民繁衍生息的所在。只有咱农民！只有咱农民才是新农村建设的真正主人翁！

建设新农村，需要咱农民真心参与。没有咱农民的觉醒和参与，新农村建设只能是纸上谈兵，任何农村改革只会流于口号，很难收到具体而实际的改革效果。

作为农村的主人，投身新农村建设，不仅仅是咱农民的义务，更是责任！面对国家建设新农村的号召与行动，如此好的机遇，我们没有理由不行动！

第二个问题，建设社会主义新农村，农民最需要的是什么？

前面，我们讲了农民是农村的主人，是新农村建设的主体，这种认识很容易统一。有人会问，中国有2亿多农户，9亿多农民，我们怎样才能引起中央关注，争取到国家支持？有人说，我们也知道自己是农村的主人，为啥我们天天劳动，没少出力，却眼巴巴看着人家富裕了，自己却总富裕不起来呢？

咱农民，没有一户不想富裕，谁都知道！然而，为什么农户之间的差异这么大？咱农民富裕为什么这么难？走向富裕的门路怎么这样难找？我们天天想富裕的门路。

我走访过不少农户，了解农民需要什么，多数农民说需要资金！也有少数农民说需要技术、市场、政府引导组织等。需要钱，同样给钱，有的人一千能变成一万，有的人不赚不赔，有的人却赔个底朝天或花个精光。需要技术，给大家同样的技术，不同的人，不同的操作管理，结果很难一样。有人说是方法问题，我说方法没问题，关键是人出了问题！

小时候，在咱老家听过一个笑话。某村有个人，爹娘死了，留给他几亩地。人家顶着太阳劳作，他在树下乘凉；人家淘粪施肥，他捏鼻子走开……收获时，看到邻居们丰收了，他的地里除了草，没有庄稼，他急了，站在自家田里大骂："你说怕疼，我没锄过你；你说怕脏，我没给你上过粪；你说怕热，有草给你们遮阴；人家都好收成，你们为啥让我丢人？"你说这人可笑不可笑？人家精耕细作，你懒汉不干，如结果一样的话，谁还辛苦劳动？人勤地不懒，说的就是这个道理。所以做人做事，第一要勤恳；第二要脑子活；第三要淳厚，讲信用。勤能补拙；脑子活能看透事理，做事抢占先机；淳厚、信用，人家才乐意和你交往。

为进一步说明问题，给大家举几个例子。

案例一，拒绝帮卸物资的农民与总也扶不起来的穷村。

濮阳县沿黄河某村，曾是市委领导包扶的贫困村。政府投资的很多钱物，多数被吃了喝了。长期以来，村子贫穷的状况变化很小。1999年，河南省农行对口包扶该村，为推动当地发展经济，工作队利用农行职工集资捐款，从南阳引进黄牛，几经周折（路上被查）运到村里后，却没有群众主动卸车。众多村民围观，要付卸车费才肯上去卸车。

大家说，这样的村子，这样的人，谁会愿意帮助他们？啥时候才能富得起来呢？

案例二，政府推动下失败的"白色工程"。

自1994年以来，濮阳县专项贷款1300万元，支持发展"白色工程"，就是利用塑料大棚种植蔬菜的项目。结果政府积极，百姓消极，两年后很多荒废的菜棚废墟成为乡村"风景"。形成规模延续下来并让百姓体会到好处的，全县只有为数不多的几个村落。现在，这些村子靠种菜富裕的很多，周围的村子都眼红他们。

案例三，应该是多个案例，我来和大家共同算几笔账。

我们种地需要的化肥出厂价1400~1600元一吨，卖给咱农民就成了2300元一吨；咱农民养猪用的饲料，出厂价2700元一吨，卖给咱农民是4300元一吨；咱农民辛辛苦苦收获的粮食，饲料厂收购1300元一吨，咱农民卖给小贩只有1100元一吨；咱农民卖猪是3.5元一斤，人家卖给屠宰场是4元一斤……怎么会这样呢？

案例四，农闲时，咱们的青壮年和有点知识文化的劳动力绝大多数外出打工，留守的妇女和老人，不是打麻将，就是三五成群地白话，张家长李家短地惹来许多是非。收获季节，一家一户的妇女老人没办法解决收获问题，男人们不得不放下城里的工作，搭上路费奔波回家。大家都知道，每年的收获季节，城市建筑工地都要闹民工荒，工地上工资比平时高很多，而同期的车票价格也是一年中最高的。

案例一，揭示了咱农民确实有一些"愚、穷、弱、私"的缺点；案例二，揭示了基层经济工作中，政府和群众没有良好互动，没有形成建设合力的问题；案例三，突出揭示了市场定价中农户"弱小"的一面；案例四，揭示了农民互帮互助组织起来，抱团发展的迫切性与必要性。

为什么这样说？政策再好，扶贫难扶懒！给你提供的条件再多，懒汉的话，啥也难干成！新农村建设，只讲农民需要什么不行，政府包办取代农民意愿也不行。中央制定决策，发出号召；地方政府要尊重农民意愿，积极组织，提供服务；农民要积极参与，配合展开建设行动！讲透了，新农村建设，全面小康社会建设，需要的是政府和农民合力。

中央已经明确了建设新农村必须尊重农民意愿的指导意见，提法很好。但是，对咱农民来说，仅仅尊重是不够的。

建设新农村，需要农民觉悟、自强，积极参与；建设新农村，农民最需要的是，有人以组织形式，引领农民抱团发展，争取更多支持，争取更大权益，走向共同富裕。

第三个问题，后联产承包责任制时代的困惑——咱农民怎么了？

先讲两个真实的事件。

事件一，"非典"时期村镇干部难以组织帮扶队的怪事。

"非典"那年的麦收期间，我的堂弟许文海从广州打来电话，准备回家，想知道家里的麦收情况。我知道堂弟是担心家里的麦收问题，就和乡里联系，乡里答复"乡和村都成立了帮扶工作队，不用担心"。但是当我把工作队的情况告诉堂弟后，他却异常反感："我已经和村干部打了电话，他们说的可不是这样。"

我赶忙与村干部联系，得到的回复是："帮扶工作队在哪儿呢？地方领导都在喊口号，老百姓是各顾各，农忙时大队能抓住谁？他不回来，谁帮他们家收麦？"

事件二，喇叭也难以召集的群众。

为筹办中国社会科学院试验基地，我到过濮阳县不少村落。遗憾的是，谈到召集群众开会的问题时，几乎所有村干部都连声叫难："现在召集群众难啊！喇叭喊烂了，也叫不来几个群众开会。"

群众各顾各，喇叭叫不来！原来听着铃响上工的咱中国农民，难道今天就没有了一点组织性？我不得不思考形成这种局面的原因。难以理解的是，上世纪五六十年代，尽管我们的生产能力和物质状况，和今天相比根本不可同日而语，但是我们却能够战天斗地，气概豪迈，排除万难，改造农田，兴修道路和水利工程。我们农村能够见到的基础设施，大部分是那时候修建的。那时我们主动组织起来，把自己看作是乡村的主人。

今天，农村技术进步了，生产能力大大提高了，各种物质条件也改善了，农村以外的支持越来越多了，大家更有能力做事情了，但是今天的我们却变得麻木而无所作为了。究竟为什么？咱农民娇气了？堕落了？智力变低了？我们曾经的自信哪儿去了？

是什么原因导致了农民的颓废呢？

是什么原因造成了现在这种局面呢？

中华人民共和国成立初期咱农民互帮互助的劲头哪儿去了？

咱现在的农民就像一盘散沙，没有了凝聚力。原本愚、穷、弱、私的农户，现在居然习惯了松散。我们打麻将、推牌九、醉酒闹事，却对水旱荒灾、市场的挑战熟视无睹。

为什么有些地方各种资源都很丰富，但是反而不如自然资源条件差的地区发展快？有些地区虽然发展得比较快，人们衣食丰足，却空虚无聊、无所事事，村里出现的问题并不比贫穷的村子少，富裕也并没有使各种社会问题、各种公益问题得以解决，有时甚至是发展越快，麻烦偏偏越多。

我们已经走进了一个政府上面喊、群众没动静的奇怪时代。我们好像都在默默地等待。等什么？自己也不知道。如果有人问我们缺什么？我们就说缺钱、缺市场、缺技术、缺项目，什么都缺。问我们怎么解决？我们会干脆地告诉他，等待政府的扶贫，等待外界的支援，甚至会很坦率地请他们帮忙修路、安自来水、卖农产品。然而，如此巨大的需求，即使基层政府也无能为力，所能做的事情只能是给些物资援助，有时连物资支援也难以做到了。

是基层政权没有尽到自己的义务，还是咱农民素质需要提高？农村的现实说明了：精神贫困是农村最根本的贫困。所有的问题，表面看是农民个人素质能力的下降和基层政府组织群众无力，实质却是农民没有自己的组织，缺乏群体关爱。包产到户后只强调单打独斗，而忽视了团体力量，才是真正的根源！

咱农民依靠个人力量，根本没有克服天灾人祸的能力，也无法应对来自其他群体的利益侵害。我不得不对联产承包责任制这一农村基本经营制度进行深入思考，并关注到这样的情况：设计中的联产承包责任制，是非常科学的。但在现实实践中，原本包括的"联产"和"责任承包"两个方面，却被理解成了单纯的

"包产到户"。

中国南方民营经济互助合作发展的经验，给了我这样的启迪：没有农民的觉悟，建设新农村很难上升为实际行动。没有农民的真心参与，新农村建设只能是空洞的口号。农民不组织起来，不可能与任何单位对等谈判来保护属于自己的权益，也根本不可能借助政策优势，争取到国家发展"三农"的巨大支持。农民自强，联合起来提高自身的组织化程度，把联产承包责任制"统"的方面补起来，是新农村成功建设的重要前提。

第四个问题，农民如何走向共同富裕？

2004 年下半年，我对中国社会科学院小额信贷试验进行了 4 个月调研，所有人都似乎明白"一家富不算富"的道理。

然而，为什么个别富裕了的人，宁愿千金斗富或者养狗，也不愿意帮扶穷人？为什么有的人富了反被乡邻孤立？为啥咱农民生活好了却睡不好觉，害怕被偷、被抢？为啥打工兄弟干着最苦最累的活儿，却始终担心拿不到工资？兴许农村长大、一直从事农村研究的缘故，我经常想这样一些问题：咱农民能不能像城里人那样生活，住高楼大厦，退休了也能拿工资？咱农村的青壮劳力，能不能不出村就能挣钱？

但是，答案却很奇怪——能也不能！为啥这样说？不能，是因为在眼下农民短期实现上述目标根本不可能；能，是因为只要找对了路子，大家团结起来，组织起来，合作互助，长期坚持下去，一定能！

南街村和华西村都是闻名全国的富裕村。我们学习小岗村分田包产到户的时候，南街村和华西村的干部群众一条心，团结起来进行了合作制改造。现在，两村人口都是几千人，人均资产都是好几百万，外来工人都有好几万人。

南街村、华西村和中国南方民营经济发展的大量事实证明，没有农民自身组织化程度的整体提高，共同富裕根本没有实现的可能。维持农村土地承包基本经营制度，创办新型农民合作经济组织，提升农民组织化水平和农村规模化产业化生产水平，代表着中西部地区农村未来发展建设的基本路径。

应该提醒乡亲们的是，国内第一个包产到户的村子，安徽小岗村在土地入股框架下，走上了合作开发的新路。

国家建设新农村需要群众参与并行动起来，农民需要国家支持。当代中国，急需探索一种全新的新农村建设模式。这种模式必须能够给多数农户带来好处，让多数农民的腰包鼓起来；这种模式必须有利于整个村庄甚至多数农村发展。

抓住国家建设新农村的大好机遇，合作互助，争取更多国家政策支持，带领社员走向共同富裕，显然是推动新农村建设的最佳选择。

第五个问题，谁为咱"三农"发展买单？

为全面解决"三农"问题，中央提出了"多予、少取、放活"的重要方针。

谁为发展"三农"买单？第一是农户家庭。农户作为农村建设主体和发展的最直接的受益者，是发展"三农"的第一买单人。当然，受资金水平制约，农户资金一般只能支持小微创业启动，仅能做引玉之砖，却无法支撑大型投资、公益设施等。第二是国家。扶持"三农"发展是国家义不容辞的责任。按照市场配置原则，国家买单应投向大型投资、公益设施等农户难以解决的方面，或者能够引导农业方向性调整的大型开发性产业。到户支持工作，可委托中介组织解决。第三是涉农职能部门等。第四是金融企业。投资"三农"是金融企业生存与发展的抉择，贷款和利率是最灵动的市场化资金运作手段。

弄清谁为发展"三农"买单，可以有效解决多方思想问题，确立农民农村建设主体地位，打破国家包干买单的惯例，为建立多层次投资"三农"体系奠定坚实的基础。

第六个问题，农民能办自己的合作金融组织吗？

必须想办法加大对"三农"的投入，增加农民收入，让农民的腰包鼓起来，是破解"三农"难题的必由之路。然而，到农村去，多数农民会谈到发展缺资金的问题。到金融机构去，多数人会强调老百姓不讲信用，巨额贷款回收困难。了解中国农村金融状况，你会感到中国金融改革正走进一个怪圈之中。

真相究竟如何？真是老百姓不讲信用，金融机构才不对咱老百姓发放贷款吗？咱老百姓在银行和信用社贷款的比率最能说明问题。以农村信用社为例，其上报国家贷款覆盖率是70%，就是说他们的贷款支持已经覆盖了全国70%的农户家庭。学者们不相信，覆盖率70%，农民还会贷款难？于是国务院发展研究中心安排了千名农村大学生，利用暑假时间深入农村进行调研，结果偏远地区与集镇地区折中后计算出来的结果只有20%。

咱濮阳怎么样？2005 年 5 月 22 日，中国社会科学院农村发展研究所杜晓山书记与储英奂研究员调查了濮阳某乡，结果农户贷款覆盖率只有4.1%，民间高利借贷是农民融资的最主要形式。4.1%的覆盖率当然不能说明老百姓不讲信用，反而证明了农民贷款难的问题确实严重存在！

我个人 1995—1998 年，以"流动银行"创造了濮阳市农行信贷资产质量"八五二达标单位"的基层实践案例；中国社会科学院小额信贷 12 年试验，都证实了中国农民是国内最讲信用的群体。

农民能办自己的合作金融组织吗？能！

《国务院关于 2005 年深化经济体制改革的意见》中明确提出了"探索发展新的农村合作金融组织"的改革意见，2005 年和 2006 年连续两个中央一号文件都对"小额信贷组织"做出了重点安排。

破解"贷款三难问题"，只有创建真正属于农民自己的信贷合作组织，才能有效解决。

第七个问题，我们干什么来了？

今天，我代表中国社会科学院贫困问题研究中心，来和大家一起探索走向共同富裕的办法。这次来呢，带来一个模式与大家商量。

濮阳市农村贷款互助合作社，是中国社会科学院试验基地，著名"三农"问题专家温铁军院长的新乡村建设中心合作推动单位。

　　濮阳市农村贷款互助合作社，正在推动的一项高尚而伟大的事业——传播合作互助思想，以贷款为媒介，宣传组织培训农民，引导农民互助合作，创建真正属于咱农民自己的新型专业合作经济组织，发展农民产业化经济，探索破解农村贷款难问题的新模式，探索适合全国多数农民走向共同富裕、奔向小康、建设社会主义新农村的新路径。

　　濮阳市农村贷款互助合作社，将以这里为发起基地，与咱群众一起搭建四大平台：

　　一是搭建社员互助合作平台。传播互助合作思想，引导社员组建生产互助组织，解决农民工农忙季节返乡和城市农民工短缺问题，不断提高农民互助生产规模，推动农村产业化进程。

　　二是搭建国内外资金下乡、贷款帮扶农民平台。以互助发展为基础，创建真正属于农民自己的小型"合作银行"，探索解决困扰农村经济发展的农民组织和资金问题，逐步解决技术和市场等问题。

　　三是搭建生产厂家农用物资下乡直销和农产品批量销售平台。通过合作社组织农民，引导社员团购、团销，逐步解决单一农户因弱小而无法解决的产品竞价不对称问题，千方百计增加社员收入。

　　四是以中心图书室和文艺队为骨架，搭建农村社员文化活动平台，提高农民文化素养，推动农村精神文明建设。

　　有人不信！

　　我今天来了，不只是想和大家通报一下贷款互助合作社的信念与追求，而是要告诉大家，我们是来为大家办实事的！中国社会科学院无偿捐赠的 6 万元的图书已经运到了濮阳；来自全国各地的大学生们，现在就和我们一起行动，用实际行动来证明一切！

立意解决农民贷款难问题的中国社会科学院小额信贷已经试验了 12 年，取得了巨大成功，最成功的点就在河南南阳地区的南召县。与我共同推动新型合作社的吉林姜佰林先生等已经先行一步，在北京参加了中央电视台节目专访《春天的约会》，对话农民合作经济组织，关注农民致富。吉林梨树县夏家农民专业合作社、山东鱼台姜庄农民合作社、兰考农民合作社的部分社员参加了访谈，节目在 2006 年 3 月 4 日晚上已经播出，我给大家带来了光盘，供大家参考。

如果大家认为可行的话，请大家配合我，咱们共同做好。感兴趣但有疑虑的乡亲们，可以组织起来，由我联系，带领大家一起去就近的南召、兰考基地考察。

许文盛的这次演讲，讲的是心里的话。他的话由深入浅，由大入小，由远及近，由表及里，理论结合实际，既生动幽默，又合情合理，讲得入木三分，许屯村的许多乡亲听得入了神。

或许，乡亲们一下子并不能完全明白许文盛所讲的这些道理，但他们确认，许文盛绝对不是回来搞传销的。

他们中的一部分人，则听懂了许文盛的话。

他们明白，许文盛这次回来，就是要为乡亲们办一件实实在在的好事情，要在许屯村组织大家创办起来一个属于老百姓自己的"农民互助中心"，这个农民互助中心就是为老百姓谋福利、是老百姓自己说了算的"农民银行"。

第三节　成立全国第一个"农民互助中心"

这次宣传会的演讲十分成功。

许文盛决定趁热打铁，一鼓作气，继续深入细致地做群众的思想工作。他安排与他一起来的学生在村里住下，然后给大家分配了任务，布置了下一步的工作：一是在村干部配合下召集党员及村民代表会议，发掘热爱公益活动的积极分子；二是配合已经发动组织起来的群众，按家族分头再做宣传发动工作；三是召开有加入贷款互助合作社意愿的群众的动员大会；四是负责收集会费和入股互助中心贷款股金；五是召开社员大会，公开选举中心管理人员，组成中心贷款评价组织。

许文盛告诉大家："传播合作互助思想，建立农民互助中心，我们下乡就是为咱农民服务来了。面对这些对金融知识了解很少、对我们的贷款互助合作社半信半疑的群众，我们一定要有耐心，要善待他们，要深入细致、不厌其烦地做好群众的工作，争取一鼓作气，将许屯村的农民互助中心建立起来。"

看到许屯村农民互助中心的筹建有了重大进展，许文盛很是激动。在互助中心成立前的一次动员大会上，许文盛怀着激动的心情，又一次跟大家推心置腹地讲互助合作的好处。他说："合作互助是弱势群体的农民由穷变富的必由之路。只有发展互助合作，才能把广大农民组织起来，激发大家的内生动力和干劲，解放生产力，更快地摆脱贫困走上富裕路。"

许文盛讲起来滔滔不绝。他举例子向大家说明互助合作的重要性：

一块百十斤的石头，一个身强力壮的强劳力可以搬运起来；但是石块达到两百斤，一个人就相当费力了。如果有两个人来抬，那就又不费力了。

为什么这样？打仗，靠的是军队组织；干革命，靠的是党组织；搞工业，有工厂组织；搞大企业，有公司、集团等组织。搞农业，当然也要有组织。劳动组织，本身就是生产力！

一家做不成的事，互助组、合作社能做成。一家100元买不起的农具，100家凑起来的10000元，就能买得起、用得上。在生产工具一定的情况下，劳动采用什么样的组织方式，对生产力影响极大。

带头人不同，路线不同，结果肯定不一样。农民组织起来，组织的带头人至关紧要。河南南街村党支部，就带领全体村民坚持集体经济道路，并走向了共同富裕，成了闻名全国的富裕村。

当然，市场经济下，众多中国村镇，不可能村村是南街村。但是一个道理非常现实：不真心发动群众，不从动员组织农民走建设新农村道路的根本入手，不把农民"组织起来"，"一盘散沙"的农民，要想实现南街村那样的共同富裕，是不可能的。

新中国成立以来，中国涌现出了很多类似南街村、华西村的典范，展示了众多农民互助合作走向共同富裕的成功样本。面对今天的社会主义新农村建设和市场经济大环境，咱们农民该何去何从，应该怎样抉择？答案显而易见！那就是走互助合作的道路，才能真正改变我们的命运，走上小康的道路。

一次又一次耐心细致的宣传工作，让许屯村的老百姓认识到了走互助合作道路的重要性。许文盛的小学同学曹广军，听了许文盛的几次讲演，也决定要加入互助合作社。他与杨国臣一道又积极做其他群众的入社工作，在大家的共同努力之下，许屯村有了50多户农民要加入贷款互助合作社。

贷款互助合作社规定：凡是认可互助模式的农民，可自愿加入合作社。合作社在村庄里设立互助中心，入会的村民每年缴纳50元的会费成为社员。如果社员缴纳一定数额的股金，将来用钱之时1000元的股金可以贷5000元。凡是互助中心的社员，优先获得贷款，有权监督管理互助中心，有权自主选举互助中心的负责人。互助中心将按照"民办、民管、民受益"的原则监督管理互助中心。

历经两个月的努力，2006年5月4日，许屯村"农民互助中心"正式宣告成立，许屯村53户农民成了合作社的社员。杨国臣、许培江、许承鸣等13位社员还缴纳了股金，成了许屯村"农民互助中心"的股东。杨国臣被选举为互助中心的首任社长。

作为许屯村"农民互助中心"的社长，杨国臣自豪地说："我们村的农民互助中心，就是俺农民自己办的'银行'。在这个互助中心里，社员们按照'民办、民管、民受益'的原则来办事。一句话，我们自己当家做主说了算。"

此时，濮阳市农村贷款互助合作社总社还没有注册成立，政府部门只是出于稳妥考虑，允许许文盛先行在一两个村发动群众，尝试成立村"农民互助中心"。

隶属于贷款互助合作社的许屯村"农民互助中心"，历经两个月的努力，终于正式成立了！

这是许文盛的贷款互助合作社培育成立的第一个"农民互助中心"，也是濮阳市第一个"农民互助中心"。从更高层面上来说，濮阳市农村贷款互助合作社作为中国社科院在濮阳设立的小额信贷试验基地，从其"贷款互助"的性质来说，它也是当时整个中国农村第一家"农民互助中心"。

作为倾注心血，全力以赴来做这项事业的许文盛，深知许屯村成立第一个"农民互助中心"对于中国农村金融改革的历史意义。

那天，许文盛无法抑制自己激动澎湃的心情，拿起手中的笔，在"农民互助中心"的记事本上，郑重地写下了如下的文字：

合作互助，
穷人致富之路。
今天的记忆和收获，
可能成为轰动全国的大事！

在这几行字的最后面，许文盛拿出自己的印章，郑重地钤下了自己的名字——"许文盛印"。

那一刻，在场的社员们鼓起了掌。

时隔数日，鲁河乡前南孟村互助中心也正式宣告成立。

濮阳市农村贷款互助合作社在基层组织试点小额信贷并具有公益、扶贫性质的"农民互助中心"成立，立即引起了全国广播、电视和报刊记者的重视，他们纷纷来濮阳采访报道这一新生事物。2006年6月24日，《河南日报》刊发了题为《濮阳出现"农民互助中心"——独立的综合性新农村建设模式》的报道文章。

本报讯（记者李煊　通讯员永生　晓伟）："三夏"时节，濮阳县鲁河乡许屯村村民曹广军经历了一件新鲜事——团购化肥：53户人家一道与经销商砍价，一道坐等送肥上门，比以往省钱又省力。

坐享这等实惠，因为曹广军参加了新近成立的村"互助中心"。

5月初，中国社科院贫困问题研究中心、北京梁漱溟乡村建设中心、河南大学"三农"发展研究会在鲁河乡的许屯、前南孟村创立"农民互助中心"，期盼"将分散的农户组织起来，以团体的力量应对市场风险"。

中心设计者许文盛说："这是一种有别于集体经济时期的农民合作社的新型农民合作组织，运行机制是'民办、民管、民受益'：农户自愿并每年缴纳会费50元，即可加入中心，自己选举管理人员，自主决定中心经营、建设事务，且可得到中心四大互助平台的帮扶。"

团购团销是开展最早的"平台服务"。中心会员一个声音与商家讨价还价，购买农用物资，销售农副产品，从而减支增收。以往，曹广军买化肥得开车去五六里外的集市上，光油钱和工钱就得30多元，今年"三夏"，他坐享团购之利——1袋复合肥比市场价低10元，7袋省了70元，加上不用跑腿儿，共省了100多元。而中心53户会员"三夏"购玉米种、化肥则节支6000余元。

与此同时，中心还构建了三个互助平台："妇女生产互助"，解决男劳力外出务工、农忙季节村里劳力短缺问题；"贷款互助"，自我融资，自我管理，一户贷款，五户联保，解决农户贷款难问题；"文化建设"，建立图书室、文艺队，开展文化、科技入户活动。

北京梁漱溟乡村建设中心项目部主任刘老石在接受采访时认为，农业、农民的组织化程度低，是当前制约"三农"发展的一个重要因素，濮阳"农民互助中心"的探索，是新形势下提高农民组织化程度、增强农民市场竞价和抵御市场风险能力的一种有益尝试。

据了解，近年来，国内各地相继开展了创建新型农民合作组织的探索，建立各类试验基地已达300多个。作为独立的综合性新农村建设模式，濮阳"农民互助中心"已被列入中国社科院小额信贷国家试验基地。

　　《河南日报》刊发报道的第 12 天，即 2006 年 7 月 6 日，濮阳市农村贷款互助合作社正式在濮阳市民政局获得注册，成了一家合法的民间社团组织。贷款互助合作社的社会团体法人登记证书上面，清清楚楚地写着"濮阳市农村贷款互助合作社"的业务范围：引资助农、组织培训农民进行贷款、购销、文化、生产合作活动。法定代表人：许文盛。

　　得知这一消息，一直为濮阳市农村贷款互助合作社注册一事而操心的中国社会科学院杜晓山教授激动地说："这是中国首家农民自主成立的综合性互助合作组织！"

　　许文盛面对这一来之不易、期待已久的成果，内心激动，热泪盈眶。

　　从此，他可以合法地将自己设计探索多年的农村金融改革付诸实践了，他可以沿着自己一直追寻的伟大理想去投身广阔的农村，实现他"把分散的农民组织起来，共同参与小额互助信贷，团结起来摆脱贫困，走一条同心协力共同富裕的道路"的崇高目标。

　　一想到这些，他就热血沸腾。

　　那间租来的仅有 20 平方米的房子里，只有一桌、一柜、三把椅子，外加一个沙发，这就是濮阳市农村贷款互助合作社的"总部"办公室的全部"固定资产"。然而在如此狭小的空间里，许文盛的内心却在勾勒着贷款互助合作社未来的发展之路。满腔的热情和坚定的信念，让他对贷款互助合作社未来的蓬勃发展充满了信心。

濮阳市农村贷款互助合作社成立的消息，很快引起了《第一财经日报》的关注，记者冉学东再次采访了许文盛。2006年7月11日，《第一财经日报》就以醒目标题《首家农村互助小额信贷组织"降生"：濮阳市贷款互助合作社首开先河》隆重报道了这件事。

《第一财经日报》对许文盛的贷款互助合作社非常关注，早在许文盛艰难筹办合作社的时候，2005年8月3日，刊发了由记者冉学东采访报道的《许文盛的小额信贷组织"难产"记》，这篇文章客观上推进了许文盛成立贷款互助合作社的步伐。

正如该报在7月11日的报道中所说："经过种种努力，濮阳市农村贷款互助合作社日前终于得到了民政注册，作为一家非营利性的贷款机构开始试点。而许文盛，就是这个试点机构的创始人。去年本报对他的贷款组织民政注册曾经做过报道，受到各方关注。正是从那个时候开始，由中国人民银行主持的5省农村小额信贷组织的试点开始如火如荼，去年后半年在山西、贵州、四川、陕西和内蒙古的6家小额信贷组织先后成立。"

许文盛的贷款互助合作社的正式成立，再次引起了《河南日报》的关注。2006年7月21日，《河南日报》又以醒目标题刊发了题为《濮阳小额信贷有着落——农村贷款互助合作社首成立》的消息。

本报讯 农村互助小额信贷的坚冰在这个盛夏告破。近日，国内首家农村互助小额信贷组织——濮阳市农村贷款互助合作社，在该市民政部门注册，开始了业务运营。

该社创办人许文盛告诉记者，今后，农民朋友无论因疾病、生产、建房、上学还是筹措外出打工路费等，均可向贷款互助合作社申请贷款，但每笔最多可贷 5000 元。贷款年利率为 9‰，半年期为 8.1‰，三个月为 7.2‰，一个月为 6.3‰，而社员紧急用款则特事特办，5 天之内免息。

他说，凡需求贷款的农户提出申请后，先需接受《担保法》等相关信贷政策的免费培训，接受合作互助和诚信爱国思想。培训合格后，申请贷款农户自由结合成 5 户互助合作担保小组，经中心社长评估，信贷员调查核实后方能发放贷款。

根据有关精神，濮阳市政府在颁发"准生证"时明确，作为一家只贷不存的非营利性贷款机构，濮阳市农村贷款互助合作社的业务范围应界定为"引资助农（可以把城市的剩余资金和国外的援助资金吸引到农村，推动农民诚信互助发展），组织培训农民进行贷款、购销、文化、生产合作活动"。互助社试验时间暂定为一年，一期试验区域限定在濮阳县，待试验成功后再进行推广。

据介绍，长期以来，农民贷款难问题在相当广泛的范围内存在，一定程度上阻滞了农业、农村的发展。为此，中央在《关于推进社会主义新农村建设的若干意见》中指出，"大力培育由自然人、企业法人或社团法人发起的小额贷款组织"，"引导农户发展资金互助组织"。作为中国社会科学院贫困问题研究中心小额信贷试验基地、北京梁漱溟乡村建设中心的合作单位，濮阳市农村贷款互助合作社被业界人士认定为"贯彻落实《意见》精神结出的第一颗果实"：合作社由个人股东出资创办，在农村发展会员，开展贷款互助。

2006年7月25日，记者胡丽波又在《公益时报》上刊发了题为《"草根银行"河南率先试点》的大篇幅文章，比较详细地介绍了许文盛创办贷款互助合作社前前后后的情况、贷款互助合作社自身的业务及其进展情况：

作为一家面向农民的非营利性贷款机构，河南省濮阳市农村贷款互助合作社在获得当地民政部门的注册登记后，开始了它具有深远尝试价值的民间小额信贷之路。

"请进，这就是我们的办公室。"

在许文盛的招呼下，记者踏进了那个简陋得不能再简陋的工作地点。

一桌、一柜、三把椅子，外加一个竹制沙发，眼前的一切，让记者很难把它和"银行"两个字联系起来，但这的确就是一家"银行"的总部。那间20平方米的房间，既容纳了我国第一家由民政部门批准登记注册的"草根银行"的全部，也容纳了许文盛6年以来为农村小额信贷奔走的心血和对未来无限的梦想。

"豫濮社政字第313号。"2006年7月6日，是河南人许文盛一生中最值得纪念的日子之一，这一天，他接到了河南省濮阳市民政局的正式批文，按照这个批文，许文盛为之奔波 6 年的"濮阳市农村贷款互助合作社"终于从梦想变成了现实，从此，他可以合法地将自己设计多年的农村小额信贷机制在当地付诸实施。

"如果不出意外，本月底就可以放出第一笔贷款。"许文盛告诉前往采访的《公益时报》记者，根据他的设计，"濮阳市农村贷款互助合作社"将成为当地农村未来发展的互助合作平台、资金交流平台、农资农产品统购统销平台和乡村文化科技平台。

许文盛的互助合作情结

事实上，"濮阳市农村贷款互助合作社"这一称呼前面还可以加上"中国社会科学院"的牌子，作为国家最高社科研究机构和农村基层的合作产物，它的脱胎离不开合作社创始人许文盛的"互助合作情结"。

20 世纪 90 年代初，许文盛从河南省农业银行学校毕业，进入濮阳市农行系统工作，历任营业所主任、中心营业所主任和信贷科科长等职。

正是在学习金融知识和从事农村金融实务的过程中，许文盛逐步认识到农村信贷情况的矛盾复杂性和小额信贷制度的必要性。

许文盛发现，在农村，信贷常常被农民视为救济手段，因此导致农村贷款的浪费和呆坏账，而除农村信用社之外的金融机构触角远离农民和村庄，又使金融服务难以在农村壮大。日益扩大的农村金融需求与不断萎缩的农村金融市场之间矛盾日趋尖锐，农村金融改革在农民贷款难、金融机构收款难与银行业不良贷款长期居高难下的怪圈中徘徊。

2004 年 4 月 8 日，许文盛开始致力于农村金融改革研究，并写成了《谁为发展中国"三农"买单》，该文得到了中国社科院农村发展研究所副所长杜晓山教授的高度评价。是年，应杜晓山的邀请，许文盛参与了其小额信贷试验课题"扶贫经济合作社"的调查研究。

2004 年年底，许文盛向中国社科院提出了在濮阳市合作创建小额信贷试验基地的意向，得到了杜晓山的认可与支持。从那时开始，许文盛为这个组织的成立奔走未停。

许文盛的好事多磨

从 2004 年 12 月 10 日开始，在中国社会科学院的支持下，许文盛就开始在河南濮阳全力谋划建立当地的小额信贷互助合作组织。他当时也没有想到，这一走就是 18 个月。

按照许文盛的设想，这个组织没有任何存款，而是吸引当地农民入会和城乡其他闲散资金，由此组成合作组织内的自由资本金，再以此借贷给需要贷款的人。在他看来，这样的组织和全国其他 300 多家互助社组织一样，应该是由民政部门登记注册批准运行的非政府组织。

但在金融监管相当严厉的中国，这样的设想显然遇到了麻烦和阻力。

2005 年 5 月 31 日，中国社科院在完成与政府的可行性会商后，发出了《关于同意濮阳市（县）贷款互助合作社成立的函》。但此后濮阳市民政局、工商局以"小额贷款属营利性质，不能在民政部门注册""必须有《金融许可证》才能注册"为由，连续 4 次退回了许文盛的登记申请。

2005 年 8 月，当地民政局相关负责人提出，成立合作组织，需要有主管单位才能注册，尽管中国社会科学院愿意作为未来组织的主管单位，但民政局要求由濮阳市当地的单位主管。

好不容易等到当地一家单位同意作为主管机构，民政局又提出，需要先办理金融许可证，直到当地银监局申明不需要此证才作罢。

关键时候，濮阳市政府的领导出面进行了干预，市政府副秘书长李建国表示，"非常支持"许文盛的小额信贷组织筹办工作。

直到 2006 年 7 月初，中国社会科学院第二次向濮阳市发去公函，明确要求这个组织在民政部门登记注册，至此，一切拦路虎似乎都被扫除，在第五次申请后，许文盛终于获得了濮阳市民政局的批准。

在向《公益时报》记者回忆起那 18 个月的申请历程时，许文盛不无幽默地说："为了注册，我经常跑市里的相关部门，每天 7 点半就准时出门，以至于一些朋友笑我，说我现在跑到市政府上班去了。"

征程：前路或许光明

接受《公益时报》记者采访时，濮阳市许屯村委会主任许晓峰正在筹划着他的养鸡场："我现在只要花 1000 块钱入会（就是成为濮阳市农村贷款互助合作社的社员，记者注），就可以贷到 5000 块，自己再筹 2000 块，7000 块办个小型的养鸡场应该差不多了。"

他精打细算着："小鸡长大需要半年时间，卖了以后，马上就可以还贷。如果小鸡走不了，也要想办法还，因为贷款一天不还，利息在手中就要涨。"

许晓峰是濮阳市农村贷款互助合作社早期的会员之一。早在几年以前，许晓峰就打算办个养鸡场，但那时他每年收入只有 700 元，缺乏资金的许晓峰就去找当地信用社，"可在信用社贷 1000 块，就需要押 1000 块，我根本就拿不出那么多押金。"许晓峰说。

2006 年 5 月，许文盛创办的小额信贷互助合作社在许屯村搞起了试点，了解到许文盛"民办、民管、民受益"的理念后，许晓峰拿出 1000 元入了会，他高兴地告诉记者："这个月底就可以发放贷款了，我的养鸡场就可以办起来了。"

许文盛告诉记者，在获得批准后，"合作社"已经筹集到了来自热心农村金融的个人资金 60 万元，利用这第一期资金，"合作社"将在许屯村等两个地方进行试点运行，现在定出的利率是：一年期 9‰，半年期 8.1‰，三个月 7.2‰，一个月为 6.3‰，而低于 5 天的则全免利息。

许文盛告诉记者，在"合作社"所确定的"四大平台"模式下，当地的农民已经开始受益。早在 5 月 4 日，许屯村互助中心成立后，约 50 户农民交纳了每年 50 元的会费。互助中心就以集体购买的方式为农民买化肥和玉米种子，比农民单独购买的价格低多了。

按照许文盛的计划，等到"合作社"运作进入正轨后，他还要搭建社员互助合作平台，引导社员组建生产互助组，解决农忙季节城乡劳动力冲突、农民工返乡问题；把城市的剩余资金和国外的援助资金吸引到农村，推动多边诚信互助发展；还要建立图书室、文艺队，不定期对当地农民进行科技培训。

不过，在这个美好计划的背后，记者也看到了许文盛的忧思。

根据"合作社"的运作计划，光在 2006 年，许文盛要支付的人力工资和其他费用就会达 15.4 万元，而现在他仅仅筹到 60 万元，即便全部贷出去并将本息按时收回，整个收支也将亏欠 9 万元。

"至少要有 600 万元的资金，组织才能维持运转。"许文盛坦陈未来的困难时更强调这个组织的"公益性"而不是"营利性"。他看起来很乐观，因为他坚信，这种组织方式符合农民的利益，而事实上，正有越来越多的农民表示愿意加入这个合作组织。

或许是一种巧合，就在许文盛为他的组织成立奔忙，为组织的运转资金想方设法之时，十届全国人大常委会第二十二次会议首次开始审议《农民专业合作经济组织法（草案）》，肯定了农民专业合作经济组织的合法地位。

从此之后，濮阳市农村贷款互助合作社成为各家新闻媒体报道的热点，全国先后有数十家媒体连续不断对贷款互助合作社的进展情况进行跟踪报道。媒体"轰炸"式的报道，一时之间让许文盛和他的贷款互助合作社名扬八方，全国前来参观学习者络绎不绝，要求"复制""濮阳模式"创办贷款互助合作社的地方也很多，近至省内的郑州、许昌、平顶山、南阳、驻马店、安阳等地，远至省外的内蒙古、新疆、宁夏、湖北、湖南、山西等地，热情邀请许文盛到当地传经送宝，帮助他们建立贷款互助合作社。

鉴于濮阳市农村贷款互助合作社处于初建时期，基层的很多村庄需要他带头去宣传开拓，一个一个的村级"农民互助中心"等待着筹备成立，他每天都是早起晚睡，可以说是披星戴月地投入贷款互助合作社的各项工作。对于各地邀请他去传经送宝的事情，他也只好无奈地拒绝。

许文盛说："贷款互助合作社的工作人员现在只有六七人，我们每天都要把精力花在现在已经建成的 12 个互助中心上，还要筹备成立其他村庄的互助中心，每天早上我骑摩托车到各个中心去查看了解情况，一去就是一整天，出去的时候天还不亮，回来的时候往往天已经很晚，实在是没有精力去濮阳以外开拓这项业务，只好把这样的对外交流，放到贷款互助合作社初见成效的时候了。"

即便是这样，河南平顶山鲁山县辛集乡张庄村的村民还是不死心，他们派人一次又一次邀请许文盛。盛情难却的许文盛只好抽出时间，来到鲁山县辛集乡张庄村考察，在当地给他们讲解"濮阳模式"的理念，帮助他们在鲁山县建立了一个农民互助中心，成为贷款互助合作社在濮阳县以外建立的第一个"濮阳模式"的合作中心。许文盛之所以不愿意在濮阳县以外更多地拓展此项业务，除了时间和精力不允许之外，还源自他内心的一些顾虑和对长远发展的谋划。他觉得目前只有把濮阳市农村贷款互助合作社的业务搞得扎扎实实，做到稳步推进、卓有成效，才能取得政府部门的信任、理解和进一步的支持，才能让贷款互助合作社这棵幼苗在濮阳的大地上茁壮生长，根深深地扎入大地的深处，枝叶伸向广阔的天空，最终长成一棵参天大树。

贷款互助合作社成立之初，许文盛与濮阳市供销合作社和中国社科院签订了为期一年的协议。这一年也是当地政府对许文盛提出的"濮阳模式"的试验期，期满后将由濮阳市供销合作社和中国社会科学院联合进行验收。如果验收合格，很可能从第二年起在整个濮阳市进行推广，并能够从中国社会科学院取得更多实质性和名义上的帮助。这些帮助包括资金引进及建设40个中心的图书室等。

"现在，政府部门在等待我们的试验结果。"许文盛对有关人员说，"目前，我们正在努力搭建三级互助框架，在濮阳市设立总社，在各个乡镇设立分社，在各村建立互助中心。年底前'总社+分社+农民互助中心'的三级框架将搭建完备。"

许文盛对基层互助中心的情况和所处的环境非常了解。

许文盛说，现在贷款互助合作社尚在为期一年的试验期中，除了来自联合验收的压力之外，还要承受来自基层村委会的压力。如顾头村，这个村有六七百户，是个有两三千人口的大村，而加入中心的农民现在只有 18 户，发展的空间很大。因为种种原因，村互助中心想在社长顾东月家安个喇叭，用于广播宣传，但得不到村委的支持。

因为金融互助的概念宣传还不到位，从群众到村干部对此还不了解不理解，这种现象在一些村还普遍存在。明明乡镇政府大力支持，但到了村里，工作阻力却很大。一些村干部对贷款互助合作社心存怀疑。目前，在已建成的 12 个互助中心中，只有许屯、前南孟和郭楼三个村的村委比较支持工作。

再举一个典型的案例是，合作社已经和某乡政府做好约定，在该乡的一个村建立一个互助中心，原准备第二天到该村做宣传工作，但到了第二天上午，村里干部给乡里打电话，说村里不需要贷款互助中心。在另一个村子里，村干部干脆直接对群众宣传，说互助中心有可能是"传销组织"，警告群众不要上当受骗。

许文盛说："我们组织群众参与互助合作这种形式，可能对村干部来说是一个潜在的威胁。其实我们这种互助合作的形式，对村里是一件好事，村干部短时间还看不透。贷款互助合作社包含四个方面的内容，除了小额互助贷款以外，还请农业专家到村里传授农业科技知识，包括组织农村留守妇女在农忙季节互帮互助、促进农民的生产合作，组织群众统一购买化肥和种子等，搞惠民的统购统销，积极在村里搞图书阅览室，提高农民的文化水平。"

事实上，团购团销已经在农民中间产生了效益。2006 年 5 月 11 日，合作社组织许屯和前南孟购买玉米种子 3000 斤，每斤市场差价将近 1 元；9 月中旬，组织许屯等 6 个中心购买小麦底肥，复合肥每袋差价 28 元到 35 元；10 月 2 日，组织许屯等 3 个中心购买小麦种子，每斤差价 0.15～0.5 元。这些团购，直接给农民带来 55600 元的收益。

顾头村互助中心社长顾东月说："贷款互助社组织的团购团销，一袋化肥可省 28 元，一个家庭每年参加两次团购团销，就能省下几百元的开支，团购团销给农民带来了方便实惠，调动了农民加入互助合作社的积极性。"

许文盛说："一些村的村干部，受限于思想意识的保守，暂时的阻力不可避免，客观存在，但只要每个乡镇建立起五六个农民互助中心，搭起了平台和框架，通过团购团销等形式造福于民，再加大宣传力度扩大影响，农民自会找上门来自发组建中心。同时，随着时间和效果的证明，也自然会改变一些村委会干部的思想观念和疑虑，最终对成立贷款互助中心从反对到支持。因为这一组织形式，不仅不会对村干部造成损失，事实证明还会推动村里的工作，让他们省心省力。我们贷款互助合作社现在是赔钱赔人在做先期的基础工作，花费的代价是很大的。虽然通过团购团销为农民带来了 5 万多元的直接效益，但合作社并没有任何收益，相反，自建成至今已经亏损了8万多元。"

"发动群众、组织群众的成本太高了。"许文盛说，"这些成本包括印制宣传单费用、员工工资、员工生活费和摩托车汽油费等。按照目前的情况，建立一个村互助中心，需要15个工作人员工作半个月左右。按照每个员工的工资平均一天10元钱、生活费一天15元钱、摩托车汽油费和车费一天30元计算，一个中心建设下来需要5000多元。这个成本本来应该由政府部门来承担和支持，但目前这一要求肯定不太现实，政府能够允许我们来搞这个小额信贷的互助合作社，让我们探索农村金融改革的事业向前推进，已经是不错的开局了，所有的成本，合作社只有自己解决。"

"现在合作社的收入来源主要是社员会费收入和贷款利息收入：每个社员加入中心收取50元的会费；贷款年利率是9‰，半年是8.1‰，3个月是7.2‰，1个月是6.3‰，如果只借5天，则是免费的。这样下来，到年底会费加上利息收入只有两万多元。"

"如果贷款达到600万元或者团购团销有四五十个中心（每个中心有100户社员）的话，收支将会达到平衡。显然，要想达到这个目标，还需要我们在广大农村努力去开拓业务，建立我们的一个又一个根据地。"

现在，互助社运转的资金基本靠成立之初的60万元启动资金来维持。因为受资金限制，虽然有不少农民要求贷款，但合作社并不能全部满足。

许文盛认为，在没有任何赞助和支持的起步阶段，这种亏损情况不可避免。作为国内第一个小额信贷试验基地来说，能够生存下来不断发展，本身就是最大的效益。

"这种现象，待我们通过濮阳市相关部门和中国社会科学院的验收之后，必定会有很大改观。那时，我们的发展环境会更好，就可以放手大干，并能获得资金等各方面的帮助。"

许文盛对贷款互助合作社在未来通过验收，步入稳健、快速的发展之路充满了信心。

作为中国社会科学院的试验基地，许文盛创立的贷款互助合作社，在整合农村生产关系、探索农村金融改革、推动农民增收致富方面，具有超强的完美设计。贷款互助合作社在创立之初，就被各界赞誉为"独立的综合性新农村建设模式""农合组织的河南设计""探索国内新型合作金融组织的民间样本""国内首家农村互助贷款组织""破解农村金融的濮阳模式""农民互助银行"等，蜚声国内。

从 2006 年 3 月到年底，河南大学、河南师范大学、中华女子学院、北京信息科技大学、首都师范大学、中国人民大学乡村建设中心，先后向濮阳派出了 47 名大学生和 4 支大学生支农服务队，配合濮阳市农村贷款互助合作社在濮阳宣传，发动组织农民建立贷款互助合作社的基层互助中心。

2006 年十一长假，当城里人都忙着休闲的时候，许文盛与支农的学生却在鲁河乡顾头村的小学教室内给农民普及金融知识。他们讲国家对农村的惠农政策，讲互助金融的前途；农民向他们咨询互助合作社与农民的关系，询问加入"互助中心"的实惠。

许文盛告诉农民："贷款互助中心就是'村银行'，就是农民自己的银行，就是农民当家做主的'民办、民管、民受益'的农民组织。农民加入互助中心成为社员后，就会享受到贷款互助合作社的一切优惠条件，互助社的四大平台将给农民带来资金的帮助和支持，带来生活和生产的实惠和利益，帮助农民脱贫致富过上更好的生活，也助力政府的社会主义新农村建设。"

许文盛深入细致的讲解，拨开了农民心里的迷雾，激发了他们加入互助中心的意愿和热情。顾头村在 2006 年这个十一长假里，先后有 18 户农民加入了顾头村互助中心，成了社员。

2006 年年底，贷款互助合作社在濮阳县先后启动了 20 多个农民互助中心，正式成立了 12 个互助中心，向农民贷款 7 万多元，服务农户 49 户。除了直接贷款进行资金支持外，自 2006 年 5 月以来，还多次为农民社员团购化肥、农药、种子和大米、食用油等生产物资以及生活用品，帮助互助社的社员增收 6 万多元，受到农民的欢迎和好评。

濮阳市农村贷款互助合作社，2006 年迈出了成功的第一步。作为中国首家农民自主成立的综合性互助合作组织，不仅赢得了媒体的广泛关注，也引起了"三农"问题研究专家和国家有关部门的高度关注。

第四节　"村银行"里，农民当家做主人

互助中心成立后，贷款原则上优先发放给互助中心的股金社

员，同时也根据信用情况发放给没有股金的其他社员。

贷款互助合作社成立初期，资金有限，只有许文盛发起筹措的 60 万元。为尽可能为更多的农民服务，如果互助中心的资金有余，那么中心非股金社员的农民家庭需要资金支持时，有 3 户以上的农民做担保，也可以贷款。特殊情况下，总是可以调剂资金使用，尽可能满足困难群众的需要。

无论哪种形式的互助贷款，到底能不能给予贷款支持？并不是总社说了算，也并不是总社的负责人许文盛说了算，而是互助中心的股东通过评议会的综合评议结果说了算。

换句话说，就是"村银行"说了算，农民自己管自己的事情，农民自己说了算。

有人担心和疑虑，农民的信誉可以吗？这样做小额贷款，虽然贷款额并不是很大，风险却不小啊！

到底有没有风险？到底风险有多大？

多年的实践经验和调查研究告诉许文盛，农民是讲信誉的，农民的信誉很好，农民把他们的脸面看得比钱都重要，因为所处的乡里乡亲和周围都熟悉的环境，制约着他们。如果你赖着互助中心的贷款不还，那不光是影响你的脸面，还影响你以后在乡亲们面前的形象，甚至影响到你嫁闺女娶媳妇这样关乎下一代的事情。

有人说，为什么国有银行在农村发放的少量贷款风险比较大？这种情况比较复杂。潜在的因素之一，其实就是社会上那些欠账不还的老赖造成的。潜意识之中，农民以为借公家的钱，可以还，也可以不还，有那么多的企业，那么多的老板，都在欠银行的钱。反正欠钱不还，内心里觉着也没多大的负疚感。更有一些人认为，你能欠银行的钱不还，你有本事。在农民的观念里，银行才给农民贷了多少钱？一点点，少得可怜。公家的钱，能不还就不还吧，银行把那么多的钱都打了水漂，还在乎农民这几个小钱？

其实还有一个潜在的因素，有时银行发放的是扶持性贷款，农民说既然是扶持，那是国家帮助我们农民的，那还需要还吗？这种情况的影响，让农民已经把贷款和扶贫资金混淆到一起了，觉着银行的钱千千万万，公家的钱花也花不完。

还有一个不得不说的原因，大银行有大银行的不足。放给农民的小钱，不少是人情贷款，加上银行人手有限，贷款发放之后，就不管不问了。到了贷款该归还的时候，主动还款了还好，如果遇到不及时还款的时候，银行也会派人去催贷款，但银行的工作人员往往是不熟悉村里，不熟悉人，找人比较难。因为缺少群众基础，有时明明已经到了借款人的门口，一看你是银行的人，街坊邻居也不会跟你说那就是借款人的家，所以造成了还贷难的问题。

因为国有银行的群众基础薄弱，有时他们进村去了解借款户的情况，很难得到真实的信息，也很难弄清楚借款人的人品和信誉如何。

银行工作人员问："×××在村里怎么样啊？"

村里人就会给你来一句濮阳的口头话："好着呢，好着呢。"

　　到底好不好呢？到底情况怎么样？濮阳话中的"好着呢"，意思根本上不是肯定某某某好，其实是某某某可能好，也可能坏，反正你看着办吧，我就是不能清楚明白地跟你说他好或者不好。面对如此情况，银行工作人员往往是一头雾水，很难搞清楚情况。这种情况既是造成贷款难的问题之一，也是造成还款难的问题之一。

　　许文盛说，大银行遇到的这些问题，贷款互助合作社通通迎刃而解。因为贷款互助合作社就是农民自己的"银行"，这个"农民银行"跟大家的利益密切相关，不管是贷款互助合作社总社的钱，还是互助中心的钱，都是农民自己入股的钱，所贷出的每一笔贷款的利益和风险，归根结底还是农民自己承担。负责管事的农民，怎么会对父老乡亲们的血汗钱不负责任呢？

　　许文盛还针对城市、农村的信用环境有过针对性的分析。他认为，从人类学或者说社会学的角度来说，城市是一个人口和各项公共资源比较密集的地方，几十万、几百万甚至上千万人口的城市比比皆是，几层、几十层的高楼大厦一栋又一栋，放眼望去，如同钢筋水泥的森林。具体到社会中的人，他们往往关系比较陌生，左邻右舍往往互不相识，互不了解，更不知道这个人的品行、信用如何，甚至陌生到对门不相识、老死不相往来的地步。

　　在农村，一个村跟周边的村，一个镇跟另外一个镇，相距都不远，近则一里两里地，远则十里二十里地，通过亲戚和朋友，都存在着这样那样的关系，都可以互相打听到一个人或一个家庭比较真实的情况。在一个村里面，男女老少、左邻右舍，是一个比较熟悉的环境，相互之间比较了解，很容易了解一个人的真实情况。

许文盛认为，在血缘等如此密切联系的情况下，农村的信用环境，有时比城市的信用环境要好、要可靠。所以农民的信誉度是可靠的，是值得信赖的。

许文盛十分赞成著名社会学家费孝通先生对中国社会乡土文化的分析，费孝通先生对中国社会乡土文化的分析非常精到。

费孝通先生认为，中国人非常重视社会关系，每个人都生活在一个巨大的社会网络之中，中国人行为也受网络中相对地位的影响。农村社区更是典型的熟人社会，血缘、地缘、业缘、姻缘关系相互交织重叠，彼此的认同感和信任感较强，形成了一个社区网络。

许文盛说："在这样的乡土社会中，发展'信用、生产、购销、文化''四位一体'的贷款互助合作社模式，其中的金融互助，信息对称程度最高，信贷风险最低，农民得到的实惠最大，农民不愿让任何一笔贷款出现任何一点风险，无论是对于贷款的审批，或是对于贷款的回收，他们都会尽心尽力。"

在这样的情况下，乡里乡亲之间，谁借了互助合作社的钱，都会尽可能地及时或提前归还款，谁都不愿意因为不还款的事情，让自己在村里丢脸。所以，很多时候，借款的农民都会尽可能地及时或提前归还从互助社所借的款项。因此，在农村，农民的信誉度是很高的，根本不用担心他们不还款的事情。即便有个别农户因为特殊情况出了一点风险，因为乡里乡亲之间第一时间都会知道情况，都会及时地通报贷款互助合作社，总社会配合贷款互助中心，及时地采取对策，化解可能出现的风险，保证乡亲们的血汗钱不受损失。

贷款互助合作社 2006 年 7 月 6 日正式成立，截止到 2006 年 11 月 19 日以前，许屯、高庄、顾头、曹楼、龙常治 5 个互助中心开始了小额贷款业务，累计发放贷款 110500 元，其中第一期已经到期的 23500 元贷款，农民全部在无催收的状态下做到了及时还款。

村民们为什么会有这么强的信用意识？

许文盛说："通过深入群众进行宣传，有信用才能得到贷款的观念已经深入村民心中，而且他们知道，按照贷款互助合作社的规定，如果第一期贷款能够主动归还，自己就可以被贷款互助合作社评为一级信用社员，信用性价比越高，贷款额度也水涨船高；如果一期贷款不能及时归还，两年内都不能获得贷款。"

许文盛还说："互助中心在考察评议借款人的时候，特别注重'人品关'，严格落实三户担保的原则。互助中心的评议组做出评议之后，再由流动银行及客户经理进行调查，双向认可人品与贷款项目后，代表贷款互助合作社与借款人签订贷款协议。除了三个担保人外，互助中心的社长还要承担联保责任。这样的制度有效确立了农民社员和股东的主人翁地位，他们参与贷款管理的积极性非常高，风险也自然降到了最低，或者说是'零风险'。"

所有贷款不经催收就能及时还款，这恐怕在所有的银行系统，都是不可想象的事情，《新民周刊》为此进行了报道，赞誉其"创造了一个金融神话"。国务院发展研究中心、中共河南省委政策研究室等部门，先后到濮阳市农村贷款互助合作社进行调研，对贷款互助合作社给予了高度肯定，因为它的模式和经验值得宣传推广。

只有农民自己的银行，农民才会发自内心关注其安危。

只有农民自己的银行，才会设身处地考虑农民的需要。

只有农民自己的银行，才会让广大农民方便获得贷款。

只有农民自己的银行，才会在最困难时给农民们尊严。

在这里，我们用生动的事例，来解读贷款互助合作社在农民、农村中发挥的多功能作用、风险控制优势，以及它给农民带来的方便实惠。

2006年8月5日，许屯村互助中心经民主评议，确定了两笔贷款，其中一笔就是中心社社长杨国臣的贷款，第二笔贷款是曹连仲的贷款。杨国臣在家办了个小型的养猪场，还在村里承包了一个池塘养鱼，现在急需5000块钱买饲料；曹连仲是买拖拉机用的柴油，用于秋收大忙时用。

两个人的贷款申请一同上了互助中心的民主评议会。当日的贷款评议记录是这样记载的：

评议记录

时间：2006 年 8 月 5 日

地点：许承鸣家

参加人：杨国臣、许培江、曹广军、程广忍、许承鸣

议题：研究杨国臣贷款、曹连仲贷款

评议结果：研究认为，杨国臣家庭经济困难，但子女都在外打工，家中养猪、养鱼是正经事儿。许培江表示，如杨国臣还不了贷款，我替他还上，也得帮他；程广忍也同意担保。

研究同意曹连仲的贷款申请，支持他的拖拉机买柴油。

参加评议人员签名：杨国臣、许培江、曹广军、程广忍、许承鸣

备注：同期村互助基金只有 5500 元，请求总社支持资金解决贷款。

从这份评议记录看，农民的文化层次和表达水平并不高，有的语言表述也不是很清楚，甚至有语法的毛病，但这都不影响农民的贷款评议，因为他们的每一项程序都是正确的，他们评议的结果，大家都是清楚的、认可的，加上他们的签名，农民贷款的第一步就算成功了。后面由"流动银行"的客户经理考察后，就会很快与贷款的农民签订贷款合同，发放贷款。

杨国臣这一笔贷款，包括曹连仲的贷款，应该说是很顺利的。

这笔贷款对于杨国臣来说，有着特别的意义，令他感慨不

已。

杨国臣记得，多年以前，他的侄子考上了大学，需要5000块钱学费，因为家里穷，找遍了所有的亲戚朋友，才凑了4000块钱，而差的1000块钱，家里人想找银行贷款，因为不认识银行的人，这1000块钱最后也没有贷出来。后来，他的侄子看家里实在凑不出钱，就辍学外出打工，想起来让人心疼。

现在杨国臣要养猪、养鱼，向村里的互助中心申请贷款，5000块钱的贷款，经过民主评议，很快就通过了。

杨国臣对人说："如果那时候有咱农民自己的互助银行，该多好，能救人的命啊！可怜我那侄子，因为缺了1000块钱的学费，好好的大学也不能上，太亏太亏了！"

杨国臣这笔5000块钱的贷款，其实还有一段故事。

8月5日那天晚上，雨下得很大。杨国臣在家里刚吃过饭，有一个村民就冒着大雨来到了他家，原来这个村民是杨国臣的债主。杨国臣原来办企业所欠的钱，还有一些没有还完，其中就有这个村民的。这个村民听说杨国臣贷了5000块钱，就找到了家里要账。

杨国臣见此情况，就把事情打电话告诉了担保人许培江，许培江当即又约了另一个担保人程广忍，两个人赶快冒雨赶到了杨国臣家。

许培江作为杨国臣的担保人，又是许屯村的村干部，说话还是比较有威望的。许培江告诉前来要账的村民，杨国臣这笔贷款是用来养猪、养鱼的，贷款互助合作社的贷款有严格的规定，专款专用，严禁挪用，所以不要说现在钱还没有到账，即便到账了，也不能用这笔钱还欠款。

说明情况之后，几个人坐下来商量办法，最后达成了一个意见，那就是等杨国臣养的鱼出塘了，卖的钱优先归还村民。就这样将要账的村民劝走了，保住了这5000块钱的贷款专款专用，同时也保证了这笔贷款能产生它应有的作用，并化解了潜在的风险，保证了互助中心和贷款互助合作社贷款的安全。

许文盛说："如果这笔钱是银行贷给杨国臣的，许培江和程广忍还会冒着大雨去劝人家要账的村民吗？这就不好说了。但现在这笔钱是互助中心股东们的钱，如果有了风险和损失，包括许培江在内，都要分担风险和损失。正因为贷款互助合作社是农民自己的'银行'，与他们的利益密切相关，他们在关键时候才会站出来，将贷款存在的风险化解掉，保证贷款的安全，保证村民们的股金不受损失。这样的'银行'——'农民银行'——最能调动农民的积极性。有了广大农民的支持，贷款互助社的事业怎么能够不发展壮大呢？"

许屯村互助中心还发生了这样的事情，有一个叫郭运海的村民，老父亲需要开刀动手术，家里孩子到了年龄结婚办酒席，紧缺几万块钱，怎么凑也凑不出来。万般无奈，弟兄4个人找到了互助中心，想从互助中心贷款，解燃眉之急。

对于这种情况，许屯村互助中心的社员们有两种意见：一种意见认为，都是一个村的村民，这个时候有了困难，互助社能帮还是要帮。还有一种意见认为，他们不是互助中心的社员，现在中心的钱也不多，还是不贷的好。

两种意见争来争去，争执不下。此时，也来参加会议的许文盛，站起来要求发言。

许文盛说："现在他家有困难，他是咱村的村民，既然咱村成立了互助中心，咱不帮谁帮？我想这个事情关键是风险怎么控制，大家说说有什么好办法，然后解决这个问题。"

于是大家就商量办法，最后形成了一致意见：让兄弟4人，一是找担保人，二是每人入股互助中心1000元，按照1：5的贷款额，可以贷给他们家2万元救急。

就这样，兄弟4人火线入社，成为社员和股东，顺利从合作社贷到了2万元，解决了家庭的燃眉之急。兄弟4人对贷款互助合作社解决他们家的困难，非常感激。他们经常对人说，互助中心真是帮了他们家的大忙。这次如果没有村互助中心和贷款互助合作社出手帮助，真不知道咋办家里火烧眉毛的事情，村里有个互助中心真是好啊！都说这互助中心是农民的"银行"，为农民谋福利，这事情真是不假呀！

后来这笔贷款到期前，兄弟4人及时归还了贷款，保持了良好的信誉。

2006年11月，许屯村民程广恩遇到了麻烦事。他刚刚用女儿的彩礼钱盖了一间大瓦房，结果想不到，女儿婚事生变了，亲家突然变成了仇家，男方安排媒人坐家里要求返还彩礼钱。程广恩一下子就难住了，去哪儿弄钱退人家的彩礼钱呢？一筹莫展的他急急火火找到了村里的互助中心，想从这里贷款，解燃眉之急。

程广恩是互助中心的社员，他又找来了两户村民，愿意为他担保。这款到底放不放呢？评议会上，大家犯了难，因为这么特殊的用途，还是头一回遇到。大家商议来商议去，觉得以程广恩的人品，这笔款放给他应该没有风险。现在给他放款，明年夏天小麦下来了，卖了麦子就能把钱还上。

于是，评议会上大家就定了，同意放款给程广恩。如此这般，程广恩的燃眉之急，靠着互助中心很快就解决了。

许屯村互助中心放出的贷款，还有一个比较有意义的事情。

2006 年 8 月 27 日，村民曹在相和妻子鲁桂云，因为孩子上学的事需要贷款 1000 元，他要求杨国臣做担保，提出秋收后卖了玉米还款。杨国臣同意担保后，鲁桂云拿到了 1000 元贷款。

2006 年农历年底，这笔贷款到期。曹在相资金紧张，暂时还不上。因为这笔贷款，2007 年 1 月 5 日，互助中心召开了会议，专门讨论此事如何妥善解决，化解贷款风险，保证互助中心的规矩不被破坏。杨国臣作为担保人，与曹在相夫妇进行电话联系，协商由担保人杨国臣履行连带责任，代替曹在相夫妇偿还贷款本金利息。曹在相同意将村里的耕地 3.6 亩，转给杨国臣承包，以承包费补偿杨国臣代偿的贷款本息 1048.6 元。

此事就这样圆满解决。此事发生在 2006 年，当时尚无《农村土地经营权流转管理办法》，农民却以自己的智慧，用土地转承包的形式，解决了拖欠贷款问题，这在当时比较新鲜，还是比较有启发价值的事情。该案例参与了 2007 年河南省农村金融论坛交流，令许多专家拍案叫绝。

鲁河乡顾头村是濮阳市农村贷款互助合作社成立比较早的互助中心之一。

2006 年 11 月 19 日，顾头村贷出了中心成立以来的第一笔款。

当天上午 9 时左右，村民顾俊省冒着浓雾出了家门。

浓雾中，有村民看他满面喜色，就问他："顾俊省，看你这满脸高兴，有啥好事？"

"今天去顾东月老师家，想贷点款，买个联合收割机。顾老师说已经给贷款互助合作社的领导说了，领导已经到他家了。"顾俊省笑着回答。

顾俊省快步来到顾老师家时，许文盛和濮阳市农村贷款互助合作社文留分社的两名客户经理，还有顾头村互助中心的几个社员，已经等在那里。

半年前，作为小学教师的顾东月，是顾头村最早接受贷款互助合作思想的村民。国庆期间，他和来自北京航空航天大学等 4 所大学的 6 名学生一起，向全村 3000 多名村民宣传贷款互助，终于促成了顾头村互助中心的成立，18 户村民每户交了 50 元，成为中心的社员。顾东月被选为中心社长。

中心成立时，顾俊省在外忙着做收麦秸的生意，回来后听说中心能够提供贷款，就交了 50 元，成了互助中心的社员，并想从中心贷一些款买一台联合收割机，他说他还差一两万元。

许文盛告诉他，社有规定：贷款必须先入股，入一股是 1000 元，可贷 5000 元。顾俊省当即掏出 2000 元，要求贷 1 万元。

许文盛说："你们中心加上你现在只有两人入股，你先入一股贷 5000 元吧，你们中心资金不够由总社来补。"

虽然与自己的预想有一半的差距，但顾俊省还是愉快地接受了这一建议。在中心社社长顾东月和几位入社村民的监督下，他填写好了相关的贷款资料。

"今天我只带了 4000 元钱，余下 1000 元下午给你带来。"许文盛说。

顾俊省接过钱，高兴地说："在咱互助中心贷款，还真是像买东西一样方便，贷款不用出村，将来还钱也不用出村，太方便了。"

在贷款互助合作社的发展之路上，因为宣传到位，因为责权利的结合，农民把贷款互助合作社和互助中心当成了自己的"银行"，他们事事处处都在维护贷款互助合作社和互助中心的利益，发生在社员之间的诚信贷款、诚信互助的故事有很多很多。

柳屯分社是贷款互助合作社成立比较早的一个乡级分社，看看发生在这里的几个典型案例，会深刻感受到农民的信用觉悟和农民的互助之情，也能感受到贷款互助合作社将最基层的农民凝结到一起所发生的改变世道人心的力量。

人虽然去世了，但贷款照样还。去世的这个人叫许石河，曾经是鲁河乡许屯互助中心的一名社员。2009 年 1 月 13 日，他在互助中心贷款 1 万元给孩子结婚，当年 10 月在山西打工的时候意外死亡。同行的社员把他的情况告诉了互助中心。中心的客户经理迅速赶往他家了解情况，中心社长、担保人与借款人家属协商后，考虑到他家情况特殊，减免了他们的贷款利息，借款人家属非常感激，在办完丧事后主动按期还清了贷款。

借款人主动转让自家承包地，担保人代替还清了贷款。借款人曹某，也是许屯互助中心的一名社员。2007 年 5 月在互助中心借款 1000 元给孩子交学费，借款到期前他在外地打工，寄回家还贷款的钱被侄子挪用，导致贷款无法归还。曹某后来与担保人、中心社长协商一致，采取了首先由担保人代还的办法，保证贷款到期还上，然后曹某将自家一部分耕地转让给担保人种，按每季 500 元抵账，等全部抵偿清担保人代还的贷款后，再将耕地还给曹某。结果，不到一年就还清了贷款。

借款人因非法经营被公安部门拘留，仍不影响互助合作社收回贷款。柳屯镇的天然气运输服务互助中心社员赵某，2009 年 10 月 24 日在互助合作社贷款 10 万元，用于气罐车运输流动资金，期限一年。第二年 10 月 22 日，贷款到期前一天，赵某因非法经营的小型化工厂爆炸，被公安部门拘留。在互助中心其他社员的协商督促下，11 月 14 日，赵某的家属将价值 25 万元的气罐车作价 19 万元，过户到贷款互助合作社名下，抵偿到期未还借款本息 12 万元，超出 7 万元退给了赵某妻子作为家庭花费，既保证了互助合作社的资金安全，又缓解了赵某家庭困难。赵某获释后，主动把气罐车赎回，继续经营生意。

困难家庭大家帮，社员互助献爱心。2011 年 1 月 18 日，许文盛社长随鲁河乡许屯互助中心的 14 户社员，对过世社员曹路玉的家属进行慰问。针对曹路玉尚有 1800 元借款难以到期偿还的实际情况，大家议论一番，最后商定免息并以爱心捐款形式代曹路玉偿还。14 户社员，有的拿 100 多元，有的拿几十元，最后募集了 1100 元捐款，加上曹路玉爱人、孩子持有的钱，按时偿还了曹路玉借款 1800 元。大家说，贷款互助，就得这样按约定办事，不能因为一个家庭破坏了社里的借贷规矩。

贷款互助合作社总社负责人许文盛，早期曾经与柳屯分社信贷经理杨丽花以及其他分社的负责人，对这些案例有过深入的探讨和分析。他们总结分析这几个事例，发现有共同特点：

第一，借款人和他们的家属都很讲信用。因为他们借款时就十分清楚，所用资金都是乡亲们的血汗钱。在人们心中，欠公家的钱，不会在乡亲中产生道德压力，甚至认为拖欠公家钱的人有本事，还受人羡慕。然而，乡亲们的血汗钱到期不还，从心理上就说不过去。

第二，互助中心的社员都很关心资金的安全。互助中心是大家的，每个社员都是东家。不管谁贷款，不论穷富，都要按规矩办，有借有还，接受大家监督。不然，一个人到期不还款，就会影响别人使用，也就破坏了互助合作、诚实守信的氛围。

第三，"互助中心管人不管钱，分社管钱不管人"，有了这种分工，贷款互助合作社和互助中心形成了对贷款安全使用全程监管的双线控制，是一种更多考虑困难群众实际需要的，注重培育社员参与积极性和诚信守法意识的模式。一方面，贷款互助合作社所有权与经营权分离，既尊重维护了社员自主权，避免了农民缺乏银行知识、直接管理磨不开情面这些缺点，还能很好地发挥贷款互助合作社专业信贷团队精细管理、调剂城乡资金余缺等优势，保证了资金规范有序运转。另一方面，贷款互助合作社的客户经理依托互助中心，常年在不同村落社区间流动办公，把贷款直接发放到农民手里，全程跟踪贷款营销、管理和回收。社员贷款、还款都不用出村，像买东西一样方便，赢得了广大社员的普遍欢迎。

只有农民自己的"银行"，农民才会积极关注其安危。只有农民自己的"银行"，才会设身处地考虑农民的需要。

有人说，贷款互助合作社是一条致富的"路"，能拓宽农民稳定增收的渠道；是一座过河的"桥"，能加快小农户与大市场的联结；是一道防火的"墙"，能增强农户抵御风险的能力；是一棵摇钱的"树"，能催生"三变"改革的红利；是一个连心的"家"，能激发贫困群众内生的动力。

濮阳市农村贷款互助合作社的创立与实践已经证明，广阔的农村、广大的农民只有组织起来才最有力量。无论是在社会主义新农村建设之中，还是在脱贫攻坚、乡村振兴伟大事业中，以互助合作凝聚人心、以社区资金互助支持"三农"，这是截至目前解决"三农"问题的最行之有效的途径之一。

第四章
"濮阳模式"，乡村探索获殊荣

几年之间，社会各界持续的关注宣传、互助社丰硕的探索成果，让国内外都真正认可了濮阳市农村贷款互助合作社是"农合组织的河南设计""破解农村金融的濮阳模式"。"濮阳模式"在濮阳农村中的广泛实践，一次又一次证明，它是有生命力的，有群众基础的，是符合农村现实情况的一种崭新的农民合作组织。它在推行过程中受到了农民广泛的欢迎，并给农民农村农业带来了意想不到的活力和巨大改变，这种活力也同时推动了贷款互助合作社在濮阳广阔的农村蓬勃地发展起来。

第一节　互助金融，试验成功

2005年10月，在濮阳市政府的多方协调之下，濮阳市供销合作社成了贷款互助合作社的主管部门。市供销社经过几个月的考察，最终经过慎重研究，于2006年2月17日与中国社会科学院小额信贷试验项目的负责人许文盛签订了为期一年的合作协议，支持互助社注册，在濮阳县先行试验，并允诺试验成功之后在濮阳全市推广。

2007 年的 2 月，一年的试验期即将结束，这意味着贷款互助合作社将迎来主管部门严格的验收。如果验收合格通过，贷款互助合作社就可以继续向前推进并将业务面扩大；如果验收不能通过，那就意味着贷款互助合作社的业务面临着终止的可能和风险。

2007 年 3 月上旬，濮阳市供销合作社会同贷款互助合作社的注册部门濮阳市民政局，对互助合作社一年来的试验进行了逐项验收。

在主管部门验收的日子里，许文盛和他领导的贷款互助合作社，除了正常的接待之外，各项业务按部就班进行，并没有因为主管部门的验收而刻意准备。虽然许文盛对验收的结果也有担心，毕竟这次验收关乎贷款互助合作社的命运和前途。但他内心也很踏实，因为通过一年来的实践，他认为贷款互助合作社的成就是多方面的，是令人可喜的，对农村金融的改革与探索取得了令人满意的效果，得到了新闻媒体和社会各界的好评与肯定，他有信心能够通过这次验收。

3 月上旬，验收结果出来了，正如许文盛内心期盼的一样，验收结果令两个部门非常满意。

濮阳市农村贷款互助合作社顺利通过上级主管部门的验收！

濮阳市供销合作社随之与濮阳市贷款互助合作社续签了协议书。为推动贷款互助合作社更好更快发展，促进其模式走向全国，造福更多民众，濮阳市供销合作社对外发布了《濮阳市供销合作社关于农村贷款互助合作社的调研报告》。通过这份调研报告，可以窥见贷款互助合作社在一年来的实践中所取得的成就和经验，在此转述其部分内容。

濮阳市农村贷款互助合作社（社科院最初核准名称：濮阳市贷款互助合作社），简称互助社，英文名称 Rural Loan Cooprative of Puyang city，缩写 RLC。是濮阳市政府与中国社会科学院共同核准成立的社团法人，中国社会科学院小额信贷试验基地，中国人民大学乡村建设中心合作推动单位。其试验得到了杜晓山、温铁军、韩俊、何广文等国内知名经济学家的认可和大力支持，与社科院、中国人民大学、国务院发展研究中心、中国农业大学等单位建立了稳定的合作关系。

自 2004 年 12 月许文盛代表中国社会科学院开始与市政府会商算起，中国社会科学院小额信贷试验基地进入濮阳经历了 18 个月的漫长筹备过程。在濮阳市农村贷款互助合作社支持下，2006 年 5 月 1 日互助社启动了许屯、前南孟中心试验，2006 年 7 月 6 日完成注册。此后，相继完成了"总社 + 分社 + 互助中心"的组织架构，创建了文留分社。

目前，互助社项目区涉及 8 个乡镇，社员 438 户，组建了 28 个新型农民互助中心，成了国内最大的农民合作社联片开发区。

一年试验，互助社成功组织了社员培训、贷款、团购和生产等系列互助工作，取得了"贷款不用催收、团购凝聚民心、全面整合农村生产关系、多平台助农增收"等比较理想的试验效果。

事实说明，农民思念为他们办实事的组织，而不是盘剥他们的集团；农民向往为他们真心服务的组织，而不是逐级加价却打着方便农民招牌盘剥农民的黑心商人；包产到户20多年后的农民，不是不想合作互助，而是没有人引导他们；分散的农民，不是不想组织起来，而是没有人组织他们；涣散了20多年的农民一旦组织起来，因积极性被调动而激发的生产力、解放的活力非常惊人。

针对贷款互助合作社所构建的"团购团销、小额信贷、生产合作、文化建设"四大平台，这份调查报告论述了贷款互助合作社在社会主义新农村建设中所发挥的积极作用。

培育互助信念，团购平台凝聚松散民心。互助社传播合作互助思想，引导农民创办新型合作社，以组织实力提升农民讨价还价能力，强化抗御市场风险能力，引导大型经销商或厂家向农民直销，压缩中间销售环节，推动农民增收。试验以来，先后组织入社农民完成了涉及玉米种子、小麦种子、化肥等产品的五期团购。

五期团购，创新了农民消费观念，增强了互助社的凝聚力，给社员带来直接收益51450元，总体收益65600元，让入社社员实实在在体会到了组织起来的优势。团购过程中，互助社组织社员和经销商一起砍价，购买的商品不仅质量有保障，而且经销商以批发价格直接送货上门，社员在家等待接货就行了。对社员而言，不仅省钱，还免去了人工等支出，省钱省时又省力。对经销商而言，省了以往多层经销的麻烦，节约大量销售成本，从而让利给群众。

毫无疑问，随着越来越多的农民不断组织起来，互助社将最终建成国内第一个统一组织性大市场，以农民和厂家之间直接购销的机制，彻底颠覆农民购销依托经销商完成的传统市场模式，从而带给农民更多实惠，吸引更多社员主动入社，推动组织更快发展，并成为供销合作社重新回归农村的新途径。

弘扬诚信意识，贷款互助平台培育农民银行家。在互助社策划中，小额贷款是回归群众路线、重新连接农民的媒介或载体。因此，其贷款也完全不同于所有银行贷款，充分体现了"农民银行"的优越性。

至今，互助社已在许屯村等多个村成功创建了"互助中心"，在合作互助、共担风险的基础上，吸收社员自主入股 67500 元，累计发放贷款 51 万元，累收贷款 14 万元。

互助社到期贷款无一例拖欠，而且多数是提前主动归还。所有到期贷款全部无催收收回，创造了传统银行不敢想象的"金融神话"。

例一，曹某难结贷款小组。曹某，原本许屯村中能人，家中还供养着村中唯一的研究生，但由于种种原因，在村民中口碑不好。其妻子连续找了 8 户社员，没有一户同意和她一个小组贷款。曹某妻子潸然泪下，央求工作人员帮忙。根据原则，工作人员不便干预。曹某妻子只好找到中心社长杨国臣，希望和杨国臣一个小组。杨国臣和曹妻深入交换意见，强调互助社不同于银行，是农民自己的组织，需要大家共同爱护，再三申明互助社小组担保贷款制度。曹妻反复保证秋后还款，杨与另外一户社员方才同意和曹妻一起结合小组贷款。

例二，曹某入股被拒。曹某要求在许屯中心入股，但由于个人信用原因，被中心管理人员拒绝。农民认为，拒绝他是为了防范贷款以后回收难，拒绝的理由是互助社"三户互助、股一贷五模式"不适合他的需要。

例三，利益联结下高度负责的新农民。长期以来，银行难以与客户互动。银行贷款如何运作，农民一向不闻不问，是造成银行贷款回收难的重要原因。现在，由于互助社有效确立了农民的组织主体地位，农民参与贷款管理的积极性异常高涨，很多原本不可能的事情，现在因为农民的积极参与迎刃而解。

例如，2006年8月5日，大雨滂沱。杨国臣成为互助社发放的第一笔贷款使用人（5000元）。当晚，就有村民找杨要账。因为互助贷款严禁挪用，万般无奈的杨国臣就给担保人许培江打电话。许培江当即邀约另一担保人程广忍，冒雨赶到杨家，向要账人反复阐述贷款专款专用，支持杨国臣完成养猪（鱼）生产的必要性，劝说要账人同意"等鱼出塘后优先归还"，终于劝走了要账人。

又如，社员鲁桂云的贷款即将到期，困于资金短缺不能还款。经中心人员做工作，担保人杨国臣主动代替还款，鲁桂云同意由杨转包耕种其承包土地，抵偿杨代垫资金。传统银行根本无法解决的问题，就此顺利化解。

培育新农民，文化合作平台科技助农增收。针对农业生产中，农民文化素质不高，农业生产科技普及难，影响农业增产等具体问题，互助社设计了文化建设与科技培训平台。期望在组织农民基础上，建立学习制度，开展科技培训，提高农业生产科技含量，推动农民增收。该提案得到了中国社会科学院和乡建中心的大力支持。中国社会科学院一次捐赠科技图书 7600 余本，涉及种植、养殖、加工、造林、沼气等多方面。

目前，许屯等互助中心已建立了学习制度，中心社长组织识字的社员引导不识字的社员学习技术，农民学习积极性很高。互助社还计划协调市科协、农技等部门下乡培训农民，通过技术培训，提高农民素质，提高农业生产的科技含量，推动农业增产上台阶，推动农民增收。互助合作社还引导许屯互助中心建立了妇女盘鼓队，丰富农民文化生活，净化农村文化市场，推动农村精神文明建设。

播撒互助星火，妇女互助助农增收，缓解城乡劳动力冲突。互助合作社针对中西部地区多数中青年劳动力农闲季节外出打工，妇女受体力限制，农忙季节难以维持生产，中青年劳动力不得不返回家乡参加生产，影响收入的实际问题，设计了妇女生产互助组平台，试图把分散的农村家庭组织起来，通过妇女生产互助组解决农忙季节城乡劳动力冲突问题，让男劳力常年安心在外地打工，从而增加农民收入。

互助组模式在许屯村已经得到初步落实，以兄弟或朋友家庭为基本框架的高增文和靳彦民互助组、郭德忠四兄弟互助组，都不同程度推动了家庭增收。

针对互助社的试验效果及影响，报告指出，事实证明，农民以合作组织团结起来，无疑是改变单户农民绝对市场弱势、增强农民讨价还价和自我管理能力、助农民增收最有效的办法。

互助合作社全面整合农村生产关系，四大平台助农增收，推动政府、精英、农民三方合力进行新农村建设，符合中央政策，切合农村实际，顺应了农民意愿，受到各级政府和农民的欢迎。

互助合作社模式已经成为政府部门调研决策的参考案例，得到各级政府及相关部门关注，有关领导多次深入调查研究。

中国银行业监督管理委员会委托濮阳市银监分局，对互助合作社进行了多次调研。濮阳市银监分局调研范围很广，涉及有关局长、办公室、信息科、监管二科、监管三科等部门。河南省金融学会张树忠秘书长在市县人行陪同下，也对互助社进行实地调研，并应许屯中心社员要求，题字"为民造福，早日致富"。

2007年3月11日至14日，国务院发展研究中心百万人口大县新农村建设课题组、河南省委政策研究室，先后在市县领导陪同下，对互助合作社进行了深入调研。总结会上，市委领导讲话："支持互助社试验，就是支持新农村建设。"

在历次调研中，互助合作社不做任何准备，领导随意入户调查询问，其方法令有关人员耳目一新。情况表明，作为新型农民合作社和新型合作金融组织探索的先行者，互助合作社试验已经成为中央决策的参考依据。2006年10月，全国人大审议通过了《中华人民共和国农民专业合作社法》，明确了农民合作社的法律地位；2006年12月，中国银行业监督管理委员会发布了《关于调整放宽农村地区银行业金融机构准入政策　更好支持社会主义新农村建设的若干意见》，划定四川、吉林、甘肃、内蒙古、湖北、青海六省（区）为试验区，揭开了新型合作金融组织探索的大幕。

互助合作社的模式还客观上成了当地农村信用社转换经营机制的外部动力。2006 年年底，濮阳县信用联社主任会议上，针对中国社会科学院小额信贷试验基地进入濮阳，有关领导讲话指出："互助社贷款不用出村，还款不用出村，贷款像买东西一样方便。你们如果再像以往那样，等着客户上门找贷款，三五年后，就吃不上饭了。"此后，各乡镇信用社员工开始进村办理信用证，开始农户信用等级评定。

濮阳市农村贷款互助合作社一年来的试验，得到国内众多新闻媒体的关注，蜚声国内。

这份报告认为，一年来，濮阳市农村贷款互助合作社的试验表明，他们作为"国内首家农村互助小额信贷组织"，已经初步成功整合了国内外小额信贷的五大最先进模式：以内部风险控制为核心的现代金融改革模式，以培育农户自立发展能力为核心的中国社会科学院小额信贷模式，国际合作社办社原则，新乡村建设运动培训组织农民的基本思想，中国南方民营经济合作互助发展的经验。在试验实践之中，贷款互助合作社以"流动银行+四大平台"为基础，推动农民增收致富，在广大农村探索出了一套独特而行之有效的发动农民、组织农民的方法，在一年的时间内，已经发展成为国内最大的农村资金互助合作社。

针对贷款互助合作社在发动群众、组织群众中所付出的巨大的人力物力的代价，濮阳市供销合作社在报告中提出了建设性的发展意见。

新农村建设必须关注 20 年包产到户之后，农民一盘散沙的客观实际情况。农民觉悟与农民组织化程度提高事关新农村建设的成败。只有亿万农民觉醒，并组织起来了，政府、精英、农民联动形成新农村建设的合力，农村建设才可能因实际行动而转化为现实生产力，"三农"难题才有望最终破解。当前农村，宣传发动组织培训农民要求十分迫切。各级干部，如果不能俯下身子，服务培训农民，宣传发动组织农民，中央政策将可能流于口号。那样的话，建设社会主义新农村的既定目标，可能永远无法实现。

回归群众路线，动员群众兴办新型农民合作组织——农民互助中心，参与新农村建设，成本很高，本属社会公益范畴。国内学界比较成型的结论，发动组织群众成本，应由政府财政支付。但是，在政府意识到自己的责任之前，互助社必须坚持下去。互助社有限的贷款利息很难覆盖所有成本，截至 2 月底，互助合作社财务亏损 7000 多元。累计亏损 8 万多元。其中，发动组织群众成本占了总体支出的大部分。

随着业务不断拓展，最初把互助合作社试验区限制在濮阳县，已经制约了互助合作社扩大试验。去年，濮阳市内其他地区，如范县濮城、辛庄，清丰固城、六塔，南乐城关等地已经多次提出建立互助中心要求。目前，在濮阳市农村贷款互助合作社的支持下，互助合作社与民政部门的协调正在进行中。

作为"濮阳模式"的策划人，许文盛迫切希望政府或国际组织切实加大对互助合作社的支持力度，造福更多弱势群众。

宽松的地方环境，政府最大限度支持和推动，无疑是保障试验成功的最重要因素。互助合作社迫切希望，各级政府能从农村发展改革的大局出发，以政府的力量，推动互助社快速发展，造福更多民众。

在这份调查报告的最后，以附件的形式，写明了濮阳市贷款互助合作社在濮阳已经建成的 28 个农民互助中心的分布情况：

鲁河乡：12 个

胡状乡：4 个

梨园乡：1 个

白罡乡：4 个

文留镇：1 个

王称固乡：4 个

梁庄乡：1 个

城关镇：1 个

濮阳市农村贷款互助合作社一年来的试验和成果，不仅得到了主管部门的肯定，也得到了政府部门的关注与肯定。在濮阳市供销合作社的调研报告发出之后，中共濮阳县委主办的《调查研究》杂志第 1 期，于 2007 年 4 月 10 日刊发了题为《社会主义新农村建设的有益探索——关于濮阳市农村贷款互助合作社的调查》的专题调研文章，围绕贷款互助合作社的创立、发展和成功实践及其在社会主义新农村建设中所发挥的积极作用，进行了详细论述，最后提出了三项建议。

建议认为，濮阳县应该把贷款互助合作社的情况上报省委、省政府，由省委、省政府函告银监会，争取银监会扩大河南为农村金融试验区，借机创建"河南农民互助银行"，造福更多农村家庭。

建议认为，濮阳县要以互助合作社为平台，通过制定有利于农民专业合作组织发展的税收和金融政策，推动培养新型农民合作社更好更快发展，促进濮阳县的社会主义新农村建设。

建议认为，濮阳县作为河南省社会主义新农村建设试点县之一，要大胆推进濮阳市农村贷款互助合作社的试点工作，造福更多的农村家庭，同时切实加强对此项工作的关注和支持，逐步把这项工作打造成濮阳县社会主义新农村建设试点创新的亮点工程。

中共濮阳县委的调查报告发出不久，中共河南省委政研室《内部参阅》（专报）2007年第6期，刊发了省委政策研究室财贸处刘俊勋在深入调研濮阳市农村贷款互助合作社发展情况后所写的调查报告《濮阳市农村贷款互助合作社等农村小额信贷组织值得关注》。在这个调查报告中，刘俊勋介绍了濮阳市农村贷款互助合作社的基本情况和对金融探索的关注。报告指出，河南省作为发展中的大省，在推进社会主义新农村建设中，河南省应按照中央关于农村金融改革的精神，推进农村小额信贷加快发展。第一，关注和研究农村小额信贷，努力解决农民贷款难题；第二，采取得力有效措施，积极争取国家试点；第三，积极引导非政府小额信贷组织试验，推动其规范运作，健康发展。

历经 18 个月漫长的筹备过程，又经过注册后一年来的试验，濮阳市农村贷款互助合作社在濮阳农村探索出了一条发动农民、组织农民开展互助合作的道路。贷款互助合作社，不仅顺利通过了主管部门的考核，重新与主管部门签订了合作协议，还相继得到了中共濮阳县委、中共河南省委政策研究室等政府部门的肯定与支持，这让许文盛对贷款互助合作社下一步的发展更加充满信心。

从今以后，他要以百倍的努力，带领跟他一起同甘苦共患难的全体员工，还有已经发展起来的 28 个农民互助中心，在濮阳广阔的农村和广大的农民中间，深耕细作，为千家万户农民的生产生活服务，帮助更多的贫困农民摆脱贫困，走上富裕之路，实现贷款互助合作社成立的初衷和目标，也让自己追求了多年的金融探索之梦与实践相结合，在这片广阔的土地上结出丰硕的果实。

第二节　贷款助农，改变命运

许文盛认为，提高农民觉悟和组织化程度，确立农民在合作组织中的主人翁地位，推动政府、精英、农民三方力量形成建设新乡村的合力；整合涉农金融、供销、文化科技等生产要素，满足社员家庭综合服务需求，推动社员家庭持续增收，提高社员组织的向心力凝聚力，是关乎"三农"发展的两大关键问题，也是贷款互助合作社需要完成的核心工作。

濮阳市农村贷款互助合作社不仅是中国社会科学院贫困问题研究中心小额信贷扶贫科研试验基地，也是许文盛以他的金融理论为指导，在国内创立的一种新模式，这个模式被赞誉为"濮阳模式"。

"濮阳模式"设定了四大试验与研究轴线。许文盛介绍说，第一，探索新形势下发动组织民众的方法。以小额信贷为媒介，传播合作互助思想，组织培训农民。以市场化手段，把分散了20多年的农民重新组织起来，引导农民互助合作。第二，探索调动农民积极性的方法。确立农民在合作组织中的主体地位，创建真正属于农民自己的新型合作社。回归群众路线，引导农民积极参与新农村建设。第三，全面整合农村生产关系，推动农村社区综合发展。以利益联结机制，推动政府、精英、农民三方力量形成合力，创新设计"四大平台"，引导开展贷款、购销、生产、文化科技等系列合作，带动农民以团体力量抗击市场风险，提高农民话语力量和市场竞价能力，推动社员收入不断增加。第四，把能否帮助农民持续增加收入作为模式成败的检验标准。创造成功的研究案例，为国家破解农村贷款的难题、推动多数农民实现共同富裕、探索中西部地区社会主义新农村建设的基本路径提供决策参考。

"濮阳模式"的互助贷款的运作非常有创新，创办以互助社分社客户经理为代表的"流动银行"，通过客户经理在不同村落间流动办公，把贷款直接发放给农民，并对贷款营销、管理和收回实施全程跟踪。

互助社贷款，中心评议，社员自由结合成小组，期限与方式自主选择，而且贷款不用出村，还款不用出村。

审贷环节尤其体现了互助特色：一是互助中心对借款人的人品进行考察。首先对借款人进行群众评议，再对贷款项目进行评价，落实担保责任。二是承包"流动银行"服务的客户经理进村调查，认可借款人和申请贷款用途后，客户经理与互助中心和借款人三方签订借款协议，中心社长对本中心借款承担连带责任。三是客户经理调查审批与后台审查报备紧密结合，前后台彼此协调制衡。

在贷款风险防控上，互助社也独具特色。每户社员都是"村银行"的股东，拥有所有权、监督权和贷款权，参与经营管理的积极性很高，不仅有效控制金融腐败，而且监督、保证措施到位，即使借款人因不可抗拒原因发生贷款不能按期归还的情况，亲戚邻居或保证人自愿代还，从未发生贷款不还现象。

再者，由于邻里互相知根知底，因居住地缘、人缘、血缘等因素建立起信用关系，有效克服了信息不对称问题，即使个别借款人发生违约、违规行为时，能够迅即采取措施。

在乡村，社员贷款时十分清楚，所用资金是乡里乡亲的血汗钱，不是依靠公共权力所得的政府资金和银行资金，即是他们意识中认为的"公家的钱"。长期以来，在乡村众多农民的心中，欠"公家的钱"，不会在乡里乡亲中产生舆论压力，甚至有本事拖欠公家的钱，还受别人的羡慕。如果乡里乡亲的血汗钱到期不还，从心理上就说不过去，就会受到乡里乡亲们的小瞧，这个人在大家的心里就会被看"扁"。正因如此，只要是互助合作社的贷款，按期偿还就成了一种自觉的行为。

濮阳市农村贷款互助合作社在国内产生了广泛影响。全国多个省市县关注"三农"发展的政府组织、民间组织纷纷来到濮阳考察观摩，要求引进互助社的模式。全国关注"三农"研究的专家学者和金融部门对濮阳市农村贷款互助合作社的发展模式，也给予了特别关注，并纷纷邀请贷款互助合作社负责人许文盛参加相关的会议，介绍"濮阳模式"的探索经验。

"濮阳模式"在濮阳农村和农民中的广泛实践，一次又一次证明，它是有生命力的、有群众基础的，给农民农村农业带来了意想不到的活力，这种活力也同时推动了贷款互助合作社在濮阳广阔农村的发展。

为了全心全意为农民办好互助贷款的事情，贷款互助合作社制定了互助社"信贷人员10条禁令"：

一、严禁利用职务之便"吃、拿、卡、要、挪"。

二、严禁办事拖拉，效率低下，推诿扯皮。

三、严禁服务态度恶劣，故意刁难和顶撞客户。

四、严禁未经报备，超权限、逆程序办理贷款。

五、严禁发放顶替、冒名及人情贷款，或与客户串通骗取发放不合条件的贷款。

六、严禁甘做"车奴"，被动工作。

七、严禁擅自提高客户信用星级和贷款额度。

八、严禁向关系人发放优于其他借款人同类贷款条件的贷款。

九、严禁以贷谋私，胁迫客户办理个人私事。

十、严禁发放或伙同他人操作高利贷。

许文盛说，自建社以来，贷款互助合作社一直秉承"全心全意为农民服务，让穷人也能方便获得贷款，办老百姓自己的'农民银行'，重建农村合作金融组织"的初心，坚持围绕"小贷、扶贫、农村、社区、封闭"的原则，做实"村社共建、为民谋利"的模式，扎根乡村，努力打造农民利益共同体。

我们在这里以事实来说话，用最生动鲜活的例子，证明贷款互助合作社对农民的重要。

濮阳县五星乡石佛营村民张同顺，家里兄妹 4 人，他排行老大，因 6 岁时患小儿麻痹症，致使他的腿脚落下终身残疾。他这个人身残志坚，发愤图强，学成弦琴师，先后在安阳蓝光豫剧团、河北邱县豫剧团工作 20 多年。作为一名工作人员，他却无力改变一大家人的贫困面貌。

2009 年，张同顺改行在家办起拖把扫帚加工厂。他在自己的名片上印上"质量第一、价格实惠、诚信合作"的理念，很快打开了产品销路。张同顺为人乐观、豁达、实诚，村邻也都乐意助他创业，他的家庭作坊多时达到十四五个人，每人每天可得三四十元的收入。

张同顺不惜力，肯动脑，在实际操作中不断总结经验，发明了加工拖把的专用工具，效率提高了两倍。根据客户需求，不断增加新产品，他还代理了刷子、椅子、凳子、桌子、马扎等十多种商品。

随着产品销路的扩张，经营资金的需求也相应增加。2010 年10 月，张同顺找到濮阳市农村贷款互助合作社五星分社，主动入社成为社员，同时申请贷款 2 万元。五星分社很快为他办理了贷款手续，将 2 万元送到他的手上。获得资金支持的张同顺，用购置的一台厢式货车向经销商铺送货，业务量猛增，每月销售收入达到 10 多万元。

后来，张同顺成了"2011 年度中国银行业协会（花旗集团）微型创业奖"节能环境保护特别奖获得者，在社长许文盛的陪同下，到北京领了奖，一下子成了媒体关注的新闻人物。

此后，张同顺家里的日子越过越红火。他时常会给周围的乡亲们献上几段琴艺，边拉琴边赞扬互助社。张同顺说："互助社是咱农民的'银行'，有了困难就找它，有了它就不怕过不上好日子。我张同顺有今天，靠的就是互助社的大力支持。"

马献民，清丰县古城乡张六村的农民，一家七口，上有老，下有小，他是家里的顶梁柱。一心想要改变家庭贫困现状的马献民，就想创业，找一个小生意做做。想法是美好的，可是因为家里贫穷，缺少资金，又不能从银行贷钱，马献民只得老老实实种地打工，想着有朝一日攒够了钱，再想法创业。

2010 年 9 月的一天，他听到了贷款互助社清丰分社成立的消息，还听说这是专为农民服务的"银行"，专为急需贷款支持的农民贷款。于是，他立即来到清丰分社了解情况，并申请贷款 2 万元，用于收购农作物秸秆。清丰分社信贷人员对他进行调查后，认为他的人品和信用是过关的，就迅速为他办理了入社手续，让他能够享受到较低的利率优惠，并很快贷给他 2 万元钱。他把秸秆的生意变成了现实，很快就赚到了第一笔钱。

马献民是一个勤劳肯干、有头脑、有思路的农民。2011 年 2 月，他又向分社贷款 3 万元，包地 15 亩，种植山药。由于已经是有信用的"老"社员了，他所需的这笔 3 万元的贷款，两天之内就顺利发放。马献民种植山药的计划在分社的帮助下实现了。

2011 年 5 月，他向分社申请贷款 5 万元，用来在苏州承包一辆客车，接送工厂工人上下班。分社考察情况后，认定马献民是个干事创业的人，就支持他投资了这个项目，让马献民这个农民走出濮阳农村，成功实现了在外地创业。

在贷款的扶持下，马献民不到两年就成了村里创业致富的带头人。他不仅自己赚到了钱，还因为他的项目用工，让村里人，特别是妇女们，不出家门就能有钱赚。

后来，在清丰分社的帮助下，马献民带领乡亲们在自己的村子成立了张六村农民互助中心，他被推选为中心社长。

马献民感动地说："咱是个普通的农民，在银行没关系、没熟人，很难获得贷款支持，是清丰分社一笔接一笔的互助贷款，支持我干成了想干的事，圆了我的创业梦，帮助我家摆脱了贫困，过上了好日子。咱们现在成立互助中心，就是要帮助村里更多的农民，在需要帮助的时候获得互助贷款支持，早一天走上发家致富的道路。"

后来，马献民光荣地成了"2011 年中国银行业协会（花旗集团）微型创业奖"乡村农业类二等奖的获得者。

濮阳县鲁河乡许屯村民杨国军，每每想起十多年前家里发生的一件事，就让他唏嘘不已。那年，三弟寒窗苦读，以七门课程八个第一的优异成绩，考上了理想的大学。当时有一个很特别的规定，必须一次性把三年学费全部付清，共 8000 余元，毕业后可直接分配到濮阳市化肥厂科研部门。

作为农民的孩子，这绝对是个千载难逢的人生机遇。然而8000 多块钱的学费，却难坏了一家人。作为以种地为生的农民，那个年代一年也收入不了多少钱，能够日常的花销就不错了，家里哪有多余的钱？

为了给三弟筹钱，杨国军把所有沾边不沾边的亲戚朋友都求了，能借的钱都借了，后来又去柳屯、鲁河等信用社，找熟人，托关系，借到了几千块钱，然后又高息借了 1400 块钱，用尽所有关系，总算筹到了 5000 块钱，可还是差 3000 块钱，最终眼巴巴地看着录取通知书的报到时间过去，失去了入学的资格，错过了一个农家子弟"鲤鱼跃龙门"的宝贵机会。

从此，原本可以成为一个大学生而改变人生命运的三弟，他的人生永远定格在了农村，身份定格成了农民，十几年过去了，这件事始终是家人内心深处永远不愿触及的痛。

2006 年的冬天，杨国军加入了许屯村农民互助中心。搞养殖的他，有一次遇到了资金周转难题，抱着试试看的态度，向村互助中心说明了自己的情况和需求。让杨国军想不到的是，村互助中心很快就召开了民主评议会，研究通过了他的贷款需求。紧接着，互助社的工作人员很快来他家做家庭调查，然后就是签合同，还把现金递到了他的手里。

此时的杨国军激动不已，握着互助社信贷人员的手说："互助社这么方便，怎么不早成立几年啊！要是早成立几年，俺家三兄弟就不会在家种地了呀……"

濮阳市高新区蔡王合村成立农民互助中心后，村里许多人忙活起来了。村民孙克勇因为养猪需要流动资金，找过银行，跑多少次，也没贷出来。村里成立互助中心，开始他也不相信。当他看到村里的两户农民顺利贷到款以后，才觉得农民互助中心确实是为农民着想的"村银行"，他也就加入了。

后来，在互助合作社的资金支持下，他的养殖规模由原来的20头发展到100多头，养殖的规模越来越大，赚的钱越来越多。他高兴地说："加入了互助社，农民养殖种植就不用发愁钱的事了，用钱不用再求爷爷告奶奶了，以后就放心挣钱吧。"

村民蔡保军，想买农用车，手里还缺5000元，加入了互助中心，钱的事就顺利解决了。他通过给工地送料、贩卖青菜水果，增加了收入。他说："互助社助我发家，我要保证按期还款。"

村民程鹏加入互助中心后，从互助社顺利贷款2万元，加上自有资金共8万元，购置了一辆运货车，从此他再也闲不住了，运输业务跑不完。

村民庞相卿，过去常年在南方打工。加入蔡王合农民互助中心后，他入股 2 万元，随时可获得 10 万元以内的贷款。得到互助社资金支持后，他便回乡创业。后来，他成立了广丰建材有限公司，当上了老板，公司资产做到上百万，员工几十人，生意越做越红火。

濮阳县东王什村的村民谢红朝，是个复员军人，家里上有老下有小，生活比较困难。他总想找机会干一番事业，改变家庭的穷困。当他了解到贷款互助合作社的运作模式后，感到机会来了，就动员本村 10 多户创业能手成立了东王什村农民互助中心，他被推选为互助中心的社长。他率先从贷款互助合作社贷款 5 万元，上了收购庄稼秸秆项目，当年就还清了贷款，还挣了 3 万元。次年，他又贷 5 万元，用于购买秸草打捆机，不仅落实了政府禁烧秸秆的政策，清洁了环境，而且还联合 10 多户村民参与运输，增加了收入。

在谢红朝的带动下，村民们创业的积极性越来越高。社员刘胜利，股金 2000 元，去年贷 2 万元，榨油赚了钱，今年准备改装自动化设备，想再贷 3 万元。社员刘学峰，去年养牛贷了 2 万元，已还清，今年想再贷 1 万元，让爱人在家养牛，他进城打工。

东王什村成立农民互助中心后的发展变化，吸引了紧邻的西王什村民吴玉卿。2009 年，他从贷款互助合作社贷款 3 万元，买了一台收割机。2010 年还清首期贷款后，又贷 2 万元购置了收花生果机，他很快成为村里劳动致富的带头人。2011 年，他带头在西王什村组织农民成立了互助中心，被大家推选为中心社长。

农民吴玉卿对人说："村里有了互助中心，就等于村里面有了自家的'银行'，大家有钱了，入股支持互助社的发展；大家用钱了，互助社就会把钱送到家里，这样好的组织，我们支持拥护。"

"互助社贷款真方便！"这是濮阳县新习乡南焦二寨村建材门市业主梁花景经常对人说的一句话。

南焦二寨村，是濮阳县与滑县交界处方圆 10 多里的集贸中心。梁花景和她的爱人秦开记，就在村南的路边开了一个建材经销门市。近年来，随着农民生活的逐步提高，农民改善居住环境的需求越来越多，地板砖等建材销量大增，每年仅淡季储备产品就需 200 万元左右，这样就使门市的资金常常捉襟见肘。

梁花景和她的爱人秦开记跑农行，找信用社，到邮政储蓄银行贷款，要么是贷不到款，要么是贷到了又不能满足大量储备产品的需要，无奈只得边购边销，这样购销差价小，盈利也不多。

贷款互助合作社在村里发动组建互助中心时，秦开记听了互助社的宣传，非常认可互助社的理念，也由此看到了通过互助社做大生意的希望。于是，夫妇二人就和秦永宾、秦留稳、马百磊、肖国付、肖志勇等 16 户村民发起成立了南焦二寨村互助中心。

有了贷款互助合作社的帮助，夫妇二人的建材门市红火了许多。梁花景总结了加入互助社的三条好处："咱们农民加入了互助中心，就是互助社的人了，咱就有咱自己的'农民银行'做后盾了，贷款再不用作难了。一是需要贷款不用跑路求人了，给中心社长一说，信贷人员就上门来了；二是贷款到手快了，从提出申请贷款，到钱到手里，只需一两天时间，最多不超三天，这样商机就好抓住了；三是不用请客送礼，信贷员上门服务，连杯水也不肯喝，因为他们不能违反贷款互助合作社《信贷工作十不准》的规定。加入互助中心，咱农民干啥事需要钱了，再不担心了，再不用怕了！"

因为贷款互助合作社的帮助而改变命运的农民王华云，讲述了她的创业故事。她说，她和她的爱人，以前是做节目司仪的，经常东奔西走，工作很不稳定，吃的苦也不少，但最终没挣上什么钱。现在想趁着自己年轻，做一份自己的事业，但是又苦于缺乏创业资金。

2011年8月的一天，她正在一筹莫展之际，见到了贷款互助合作社的宣传单，上面清清楚楚地写着"互助贷款，穷人自助之路""方便获得贷款是每个家庭的基本权利"。

王华云说："当时，我就联系了贷款互助合作社的工作人员，到现场咨询。8月10日申请贷款，13日就拿到了现金。办贷效率这么快，是我根本没有想到的。在其他大银行贷款，至少需要一个星期左右，还不一定办成。第一次贷了3万元，用了不到三个月，我就把钱还上了。紧接着又贷了两笔10万元，成了'小沈阳酒'在当地的总代理。在贷款互助合作社的支持下，后来我还增加了两辆厢式货车，生意越做越大。是贷款互助合作社圆了我的创业梦想，贷款互助合作社真不愧是咱老百姓自己的'银行'呀！"

…………

濮阳市农村贷款互助合作社在濮阳的发展历程中，发动农民、组织农民、依靠农民、造福农民，以服务社员需求的"四大平台"，特别是资金互助平台，为老百姓办了一件又一件实实在在惠农助农的事情，改变了千万个农民、千万个家庭的贫困命运，助力他们改善生活，摆脱贫困，走上了富裕的道路。

第三节　星火燎原，蓬勃发展

2007 年 5 月 1 日，濮阳市农村贷款互助合作社在建立柳屯、文留两个分社的基础上，从农村进军县城，在濮阳县城关镇建立了城关分社。城关分社的建立，揭开了城乡协调发展的序幕，拉动了城市资金对农村农民的支持。从此之后，互助社的业务开始慢慢做大，日子也慢慢地好起来。2008 年，互助社终于打破亏损的局面，实现盈利 3.93 万元……

2012 年 7 月 6 日，濮阳市农村贷款互助合作社注册成立 6 周年。6 年来，贷款互助合作社扎根乡村，依靠农民，发动农民，组织农民，在濮阳市得到了蓬勃的发展。

作为濮阳市农村贷款互助合作社社长的许文盛，历经了 6 年之中的风风雨雨。贷款互助合作社的每一点成绩，都是他与社员们共同开拓创造的。许文盛心怀激动，在这一天，写下了贷款互助合作社成立 6 周年的感恩词：

　　贷款互助社 2004 年 12 月开始筹备，2006 年 7 月 6 日获准成立。核准贷款互助社的业务范围是引资助农，组织培训农民进行贷款、购销、文化、生产合作活动。经过 6 年的试验，先后在濮阳县的文留、柳屯、城关、五星和华龙区、清丰县等地建立了 7 家分社，在 600 多个村（社区）建立起互助中心（村银行雏形），吸收社员 15000 户，资格股金 954 万元，引进助贷投资股 1.1153 亿元，未用政府资金和国外援助资金，2009 年实现了财务全面盈利。至今年 6 月底，累计发放贷款 5.5 亿元，帮助近万个困难家庭和下岗职工解决了生产经营资金难题。由于有效调动了社员参与资金运作监管的积极性，贷款基本不用催收，没有出现一笔死滞，《新民周刊》赞誉"创造了一个金融神话"。

　　贷款互助合作社这些年取得的各项成绩，离不开各级政府的关怀与帮助，离不开新闻媒体的关注与报道，离不开有关专家学者的关心与关注，离不开 80 余名员工的辛勤和努力，更离不开广大社员的理解与支持。在此我谨代表总社理事会、监事会对大家的帮助予以感谢！

　　从这则感恩词中，可以清楚地看到，濮阳市农村贷款互助合作社 6 年来所走过的路，是一条扎根乡村从群众中来、到群众中去的奋斗之路，是一条发展之路，是一条昂扬奋进、从一个成功走向另一个成功的胜利之路。

这条路，他们到底是怎么走过来的？

2011年9月14日至17日，全国农村金融与资金互助培训班在濮阳举办。其间，担任此次培训的主讲人是中国人民大学的周立教授和研究生李萌。就农村贷款互助社的运作情况，他们先后走访了贷款互助合作社的三个分社和一些村级互助中心的社员、贷款户及村干部。

他们发现，资金供不应求是村级互助中心成立之后遇到的共性问题。近一年来，新习乡先后成立了6个互助中心，共有社员97户，入社股金26.9万元，至9月中旬的贷款余额203万元，只有2个村中心组织投资入股6万元。目前，这6个村互助中心的贷款供应，主要靠贷款互助合作社在城区组织的资金来支撑。

贷款互助合作社不仅对村级互助中心具有调剂资金的作用，对于去年设立的五星分社、清丰分社等也是重要的资金支撑。

截至2011年8月31日，五星分社自身组织的入股金额135.2万元，放款391.7万元；清丰分社入股金额428.7万元，放款余额938.9万元，入股资金与放款的差额分别为256.5万元、510.2万元。可见，没有总社资金的帮助，分社的资金是难以自我平衡的。

经过五年运行的柳屯分社，已经实现了自给自足，目前该分社比较稳定的社员股金482.3万元，放款余额454.6万元。

鲁河乡许屯村互助中心，是濮阳市农村贷款互助合作社发起成立的第一个村级互助组织，目前已经实现了村内贷款资金自给有余。村互助中心社长杨国臣，话不多，却认准一个理："办咱村民自己的'银行',就得把大家的钱用好、用活,不能弄死。"目前,许屯村入股资金已经超过了100万元,发放贷款64.8万元。

这些走访中发现的案例,证明了贷款互助合作社的核心模式"宽裕时,入股,我助人;困难时,贷款,人助我",和其核心思想"内联外引,善行助贷,欲得人助,必先助人",以及其发展宗旨"服务社员,发展机构,造福员工,回报社会",建社理念"民主治社,安全建社,营销立社,管理兴社"的正确性;也证明了"总社+分社+农民互助中心"这一经营发展模式设计的科学性。

濮阳市农村贷款互助合作社在濮阳广阔的农村深深地扎下了根,得到了广大农民的欢迎和支持,也得到了全国很多"三农"专家的肯定。

2011年8月9日,著名金融专家、中国金融协会副秘书长秦池江,在看到濮阳市农村贷款互助合作社的汇报材料后,通过电子邮箱致信贷款合作社:

感谢你们发来了很好的材料!

你们依靠自己的智慧和力量,组织了农民自己的资金互助社,为农民解决了现实的融资问题,会员得到了实惠,农村经济增加了活力。希望你们再接再厉,把互助社办得更好、更规范、更多样化,成为农民发展经济的组织者、推动者、维护者!

显然，这位专家学者对所看到的材料很肯定。这篇《村里有个互助组织就是好》的文章是原濮阳市农行办公室主任、退休后加入贷款互助合作社工作的葛东良采写的，内容如下：

党的十七届五中全会通过的"十二五"规划建议和全国人大十一届四次会议批准的"十二五"规划纲要都明确提出，发展农村小型金融组织和小额信贷。

最近，到清丰县大屯乡夏固村互助中心采访，一见面，社长任勇就说，最近很多农户找他要求加入互助中心。因为他们依托贷款互助合作社搞了30吨化肥团购，厂家直接送到村里，化肥质量有保证，每百斤价钱比市场低25元，149户农民600亩秋庄稼仅此一项就节省6万元，村互助中心免费提供播肥耧，人手顾不过来的社员由中心协调让其他社员帮着干。一些没有入社的农户因为不能参加团购想买团购化肥买不上，想找人帮工也作难。

今年春节前，濮阳市农村贷款互助合作社进村宣传，任勇、和平、和志峰、靳志亭、靳秋进、王庆府、和庆彪、靳利红八位村民一致认识到，时下种植、养殖、搞经营，都得看市场，一家一户很作难，要想跑赢市场，最好的办法就是合作互助抱团发展。于是，每户拿出1000元作为互助资金，大家都在组建贷款互助合作社夏固村互助中心协议上签了字，并推选任勇担任互助中心社长。

任勇此前在村里办了一个科技专业合作社，经营化肥农药。为准备春耕物资，他抱着试试看的态度，第一个提出贷款申请。

结果，负责该村的客户经理当天就来到村里，对任勇的为人处世、借款用途、经营能力、还款保证等情况进行了认真核查，第二天2万元贷款手续办理完毕，化肥很快到手。此事使他认定，村里有个互助组织就是好，紧急用钱不作难了，这是个好事。

在村干部的支持下，任勇经常通过村里的广播喇叭播放党和国家创新农村金融的有关政策，以及贷款互助合作社的宣传资料、新闻媒体的相关报道，不少村民听了广播找他咨询。经过中心发起人的讨论，每月都有三到五户加入互助社。不到半年夏固村互助中心社员已发展到35户。

在任勇的带动下，入社社员都成了互助金融事业的宣传员。目前，已动员8户村民认购投资股10.5万元，还有一些村民把临时不用的钱作为流动股放在了互助社。他们觉得，互助社的钱，都用到了村里一时困难的人身上，钱的用项、效益公开透明，把钱放到互助社放心，既是助人的善举，自己也能增加点收益。投资股的余额一天一天多起来。

互助中心对要求入社和申请贷款的农户，强调诚实守信，借款必须按期归还，困难户和小额贷款户优先满足。先后有14户在互助社累计贷款20.5万元，均取得较好收益。一些原来有信用不良行为的人感到有了压力，出现了积极帮人的举动。村干部说，村互助中心的成立，促进了村民和谐。

夏固村互助中心通过资金互助，原来一家一户办不成的事现在就能很方便地解决了，一个村中心办不成的事，通过总社、分社联动互助也能办成了。

　　贷款互助合作社的工作需要深入农村的千家万户，是青年大学生历练自己最好的地方，所以从最初创建时，就与全国不少高校结下了联盟，成为大学生实习的基地。

　　一些曾经在这里实习的大学生、参加支农的大学生，自愿留在了贷款互助合作社工作，他们觉得这是他们干事创业的平台，是他们人生成长的好地方。

　　大学生杜雪峰，河南商丘人，因为在假期来濮阳当志愿者，就爱上了贷款互助合作社的工作，大学毕业后就留在了这里工作，而且干得很出色，成为贷款互助合作社的骨干。

　　杜雪峰说："我们青年人的路有千万条，我们不一定非得留在大城市里工作，广阔的农村更是我们可以施展才华和抱负的地方。贷款互助合作社是为农民服务的组织，许社长又是一个特别有家国情怀的人，我觉得这份事业特别值得我们年轻人去奋斗。这些年，在这个队伍里，我从一个青涩的大学生，一步一步成长为贷款互助社的管理人员，在这里成了家立了业，我觉得我人生的路选对了。我坚信贷款互助合作社的前途在许社长这样有情怀的管理者的带领下，一定能走得更远、更广阔，而我们在这里工作的大学生，也一定会有更好的前程和事业。"

　　贷款互助合作社的工作人员大多是像杜雪峰一样的大学生，有的是大学实习的时候在这里实习，毕业后直接到这儿就业的，有的是毕业后直接招录进来的。

　　濮阳的新闻媒体也很关注青年大学生的就业和工作情况，他们曾派出记者专题采访那些在贷款互助合作社工作创业的大学生。

贾振芳，贷款互助合作社清丰分社的大学生。她在接受采访时自我介绍："我叫贾振芳，去年8月在网上看到贷款互助合作社的招聘信息，感觉不错，既锻炼自己，也能帮助老百姓，抱着试试看的想法来这里应聘，现在干信贷已经一年了，我组管理的贷款204.46万元，72笔。"

贾振芳讲了一件事。一位姓张的农民来贷款，来时已经下午4点多了，我们先到市里签担保，7点多回清丰双庙让她爱人签字，然后又找另一个担保人，办完手续已经晚上10点多了。贾振芳说："互助社给我们一个平台，现在就靠我们自己去努力，去发展。我的理想，就是在清丰县每个乡镇，每个村，都有我们亲手建起来的村互助中心。"

潘静，安阳师范学院毕业的大学生，2010年大四实习的时候，抱着对会计职业的喜爱来到这里，通过实习使她了解了濮阳市农村贷款互助合作社的宗旨是为穷人办事，是真正为那些苦于贷款无门的老百姓办事的机构。作为一个从农村出来的大学生，家境并不富裕，她选择了毕业后留在这里工作。潘静说："以前我爸也想要贷款，但是贷不到，没有钱就失去了创业机会。互助社能解决好多人的贷款难问题，为农民实实在在服务，以资金帮助他们摆脱贫困。"

张彩云，2010年河南师范大学毕业后到互助社工作。短短的一年时间，她已做到清丰分社的财务总监。老家在山东，独自一人在濮阳工作，她说："我原本在学校就参加了学校里组织的三农社团，对这个特别感兴趣。以前是许社长一人维持单位发展，现在组建了一个很好的管理团队，跟其他单位没啥不同了，基本上算是安家啦。"

舒玲伟，刚刚毕业不久的大学生，经过面试、笔试层层把关，留在了互助社。对于当前大学生就业，她有着自己的想法："我和很多大学生一样，遇到毕业找工作的难题，我也是抱着试一试的态度来应聘。经过一段了解之后，感觉挺不错的，挺喜欢的，这是个很光荣的事业。农民不是没有头脑，只是缺乏一点资金，互助社提供一个平台，为他们服务。大学生苦一点没有什么，就是要脚踏实地，一步一个脚印走下去，这样对一生都是很有益的。"

…………

当秦池江先生了解到，濮阳市农村贷款互助合作社这些年吸引了一批大学生来工作的情况后，他非常激动，热情洋溢地再次给贷款互助合作社致信，勉励这些甘愿放弃大城市而选择小县城和乡村、以青春和热情来投身贷款互助合作社工作的大学生。他在信中这样写道：

年轻的大学生，加入了年轻的互助社，并朝气蓬勃地开展工作，祝贺你们在希望的田野上生根结果，为"三农"做实事、做好事，成为新农村新金融中的生力军、创业者和先锋队！

大学生到了农村金融这个岗位之后，不仅要会办业务，还要学会农业知识、农村社会知识、现代农村建设知识，要成为农民信得过、用得上、靠得住的知心人、好参谋、好帮手！祝你们苗壮成长、鹏程万里！

村镇银行组委会秦池江

2011 年 10 月 18 日

贷款互助社在蓬勃的发展之中，其实也经历了前期的重重困难。

许文盛说："贷款互助合作社在发展前进的过程中，尤其是成立的前几年，因为自身的影响小、规模小、参与的人员少，加上农村农民对贷款互助合作社的信任不足，这就对贷款互助社的发展造成了一定的困难。我们坚定信心，认定这是一件利国利民的好事，是一件造福千万农民的好事，而且我们设计的贷款互助社的模式当时在国内是最适合在农村推广的，我们认定我们的事业一定能成功。"

许文盛清楚地记得，2006 年、2007 年这两年，是贷款互助合作社最困难的时候。中国社科院在全国设立的其他小额信贷试验基地，都或多或少地得到了社科院和一些国际金融组织的支持，而唯独贷款互助合作社，前期的 60 万元启动资金全部由他一个人筹集。

万事都是开头难。互助社前期在农村建立农民互助中心，本来就非常困难，需要花费大的力气去做，成本非常高。有了大环境和国家政策的支持，并不代表一切工作就能顺利推进，更不代表着坐享其成。

贷款互助合作社的发展，始终是以村互助中心的建设为基础。村互助中心，就是"村银行"，它是贷款互助社为未来成立"农民互助银行"打基础的。

没有广大农民的认可参与，没有农民主体地位的确立，就不可能有贷款互助合作社的不断发展，也就谈不上实现"农民互助银行"的伟大目标。

筹建农民互助中心，必须首先解决农民的思想认识问题。不懂金融为何物的农民，绝不可能自发行动起来建设自己的"农民互助银行"。因此，贷款互助合作社始终坚持内外力相结合的原则，坚持金融教育培训，提高农民入社的积极性。

一方面，运用印发宣传资料、设置宣传专车巡回宣讲、村喇叭广播、入户谈心、召开专题发动会等多种形式，让老百姓认识到合作互助是合党心、顺民意的好事；加入互助社，穷人贷款不再难，安全方便无风险，讲求信用更团结，有利改善投资环境，是造福一方的善事。

另一方面，充分发挥总社资金平台的作用，坚持入社入股即有贷款资格，信用良好享受优惠政策；对股金社员与非股金社员的贷款受理条件、额度、利率等实行区别对待；通过率先受益的小额信贷借款人的示范带动，有效调动群众加入互助合作社的积极性。

村互助中心的发展，带动了村民精神风貌的改观和科技文化素质的提高。村互助中心组织农民建立学习制度，开展科技培训。中国社会科学院一次捐赠互助社科技图书 7600 余册，涉及种植、养殖、加工、造林、沼气等多方面。互助社还协调市科协、农技、土肥等部门下乡培训农民，提高农业生产的科技含量，推动农业增产、农民增收。

上述这一切的工作，都要贷款互助合作社投入资金去做，导致前两年一直亏损，也导致一部分员工对前途失去信心，产生悲观情绪，进而辞职或跳槽到其他公司。

2007 年 5 月 1 日，贷款互助合作社在濮阳县城关镇建立了城关分社，揭开了城乡协调发展的序幕。

从此之后，互助合作社的业务开始慢慢做大，日子也慢慢地好起来。2008 年，互助合作社终于打破亏损的局面，实现盈利3.93 万元。

2009 年 1 月 1 日，贷款互助合作社市社机关由租用市供销社的办公室搬迁至濮阳市垂柳街，市社营业室开门迎宾。当年，城乡协调发展加速，累计发放贷款 8594 万元，超过前三年贷款总和，互助合作社彻底度过了最艰苦卓绝的时期，走上了快速稳健的发展之路。2009 年，互助社盈利 85.48 万元；2010 年，更是盈利 245.77 万元。

2010 年，贷款互助合作社已在濮阳县、华龙区、高新区和清丰县建成 406 个村互助中心，6 个分社，发展社员上万户，股金规模超过 7000 万元，业务区域已拓展到范县濮城镇和南乐县部分地区。总社和分社员工队伍已增加至 73 人，其中大中专毕业生 40 人，有金融从业经历的 12 人、下岗失业职工 8 人。形成了总社、分社和互助中心三级联动的成熟的贷款互助社组织架构。

在为农民社员服务之中，贷款互助合作社急农民所急，忧农民所忧，结合农村农民实际需要，开发了几十种贷款产品，使互助社的贷款资金实现了普惠农户、大中专毕业生、城镇中低收入家庭、中小企业主等，小额信贷产生了大影响、大结果、大效益。

许文盛认为，中国不缺银行，缺的是农民自己的银行。自2005年以来，银监会推出了贷款公司、资金互助社三类新型农村金融机构，人民银行也在各地推出了小额信贷公司，再加上原有的农村信用社、邮政储蓄银行，农村的金融机构不可谓不多。但是，这些金融机构和组织，真正在农村地区扎根的并不多，他们的贷款门槛高、规矩多，他们也不愿意深入农村做惠农支农的事情。他们与群众的关系是两张皮，他们很少考虑农民生产生活中的困难，农民需要他们的贷款很有限。

许文盛说："我们贷款互助合作社从成立之初走到今天，始终坚持的原则和工作方法就是扎根乡村，与群众打成一片，从群众中来，到群众中去，始终以老百姓的利益为出发点，因此受到了千家万户农民的欢迎，我们在农村找到了生存和发展的广阔空间。"

许文盛充满信心地说："全国互助金融实践者不断联合起来，创建中国农民互助银行的伟大目标一定能实现！"

第四节 "濮阳模式"，蜚声国内

中国不缺银行，但缺少真心实意为弱势群体办事的银行，更缺少真正属于老百姓自己的银行！

贷款互助合作社，以实实在在的行动，实现了"让每个家庭方便获得贷款""建老百姓自己的银行"的承诺，在群众的支持下不断成长。

贷款互助合作社秉承"内联外引、善行助贷"的理念，在具体实践中形成了一系列完全不同于现有银行运作的理念方法。

例如，农村金融绝不容许垄断；方便获得贷款是每个家庭的基本权利；合作互助，穷人致富之路；合作互助，是支撑民族崛起的脊梁；欲得人助，必先助人；没有群众的真心参与，新农村建设缺乏主体，收贷难题无望解决，普惠金融只能流于口号；普惠金融必须普及金融教育；创建老百姓自己的银行，是中国农村金融解放的必由之路；善行助贷，为穷人解难；组织群众，为国家分忧；金融解放必须打破条块分割，政府、精英、农民合力推动新农村建设等。

贷款互助合作社先进的管理模式、超前的发展理念、可贵的探索精神，一直以来就受到社会各界的关注，成为全国各地学习的典型。可以说，贷款互助合作社是中国社会科学院在全国开展的几个试点中最为成功的一个试验基地。

2013 年 6 月 17 日，全国供销社将濮阳市农村贷款互助合作社作为系统学习宣传的典型，中国供销合作网全面介绍了濮阳市农村贷款互助合作社的服务模式和探索成果。

为解决农民生产经营资金缺乏问题，探索农村新型金融互助模式，2006年7月，河南省濮阳市供销合作社注册成立了全国首家农村资金互助合作社——濮阳市农村贷款互助合作社，通过培育村级互助组织，组织农民开展贷款、购销、生产、文化科技等合作活动。到今年5月底，贷款互助社已创建分社7个、村级互助中心608个，累计发放贷款8.2亿元，帮助1.4万余户农民解决了资金难题。科学的运作模式，严格规范的管理，使互助社的贷款收回率一直保持在99%以上，呆账损失率为零，探索出了一条具有地方特色的农村金融服务新模式。

开展金融互助，解决资金短缺难题。贷款互助社在借鉴国内外资金互助模式基础上，建立了"总社+分社+村互助中心"的多层资金互助模式。村互助中心由总社发起成立，负责评估新社员入社，承担贷前客户筛选、项目审查以及贷后监督工作。每个分社负责约20公里半径区域内的村互助中心的服务和管理，按照社员股金额度给予放大5~10倍的贷款帮助。总社统筹协调整体规划和人力、资金、财务资源配置，做好风险控制、拓展培训等工作。统分结合、内外合作、多层互助的三级组织结构设计，既方便了社员，又控制了贷款风险。

互助社贷款由农民自己管理，村互助中心评议，贷款不用出村，还款不用出村，像买东西一样方便。具体程序是：农民贷款申请向互助中心提交后，首先从评议开始，包括人品、小组、项目三个方面，经互助中心社员评议通过后，通知分社客户经理进村，进入调查程序。客户经理调查通过后，签署多方贷款协议，当天或次日，客户经理护送资金进村发放到农民手中。互助中心管理人员和分社客户经理共同承担贷款管理责任，互助中心管理人员对贷款承担连带保证责任，分社客户经理承担包放包收责任，贷款拖欠一天，处罚客户经理5元。同时，落实小组联保制度，贷款人员自由结合3户小组，3户之间彼此承担联保责任。一户不还款，其他两户有代替还款的责任。

开展科技培训，提高农民生产能力。针对当前农民整体文化素质较低、农村科技知识普及较窄、农业生产科技含量不高等问题，贷款互助社建立了科技帮扶制度，定期组织农业专家开展科技培训，向农民传授种植、养殖、加工、造林、沼气等实用科学技术；长期组织农业技术人员深入农户家中和田间地头，指导农民科学种养，帮助农民解决生产中遇到的难题；在村互助中心开设科技图书馆，发放农业科技资料，着力提高农民科学素质和农业科技含量，促进农业增效和农民增收。截至目前，贷款互助社累计举办各类培训班150多期，购买（社会捐赠）科技图书7600余本，发放科技资料2万多册。

开展大宗团购，搭建助农增收平台。一方面，贷款互助社组织引导农民加强经济上的联合与合作，提高农民在市场竞争中的谈判能力、竞价能力和抵御市场风险的能力，让农民在市场竞争中处于有利地位；另一方面，贷款互助社严把产品质量关，协调大型经销商、厂家向农民直销，通过压缩中间销售环节，直接搭建大型经销商、厂家与农户之间的桥梁，让农民真切体会到团购带来的实惠与便利。贷款互助社成立以来，先后组织社员进行了种子、化肥、饲料、家电等32期团购，其中种子团购比市场价便宜10%左右，化肥比市场价便宜15%左右，累计让社员受益345万元。团购不仅改变了农民的消费观念，降低了生产生活成本，还增强了贷款互助社的凝聚力，吸引了更多农民入社。下一步，贷款互助社将在总结团购经验的基础上，探索开展团销服务，集中回收社员农副产品，实行统一销售，在帮助社员解决销售难题的同时，最大限度地提高销售价格，让社员得实惠。

开展生产互助，提升农村劳动水平。针对当地农村多数中青年劳动力外出打工，留守老人、妇女难以胜任农忙季节繁重生产劳动的实际情况，贷款互助社以村互助中心为纽带，把分散的农村家庭组织起来，建立多个生产互助组，引导农民开展生产互助。生产互助组既有效地解决了农忙季节劳动力紧缺的问题，又可以让外出务工人员安心在外务工，减少了不必要的往返支出，同时也改善了邻里关系，促进了农村精神文明建设。据统计，仅通过生产互助一项，农村每户家庭每年可增收3000~5000元。

经过多年的探索与实践，贷款互助社的服务范围由成立时的一个县已经扩大到濮阳市的五县一区。互助社组织农民联合开展互助，农户不仅贷款方便，而且还款不用催收，有效填补了商业银行在农村的服务空白，促进了农村资金的良性循环，同时也提升了农民群众的互助意识、诚信观念和法律水平，成为开展农村金融服务的样本，被誉为"准农民银行""农村金融探路先锋""破解农村金融问题的濮阳模式"等。

从此，贷款互助合作社的"濮阳模式"开始走出濮阳，许文盛不断被各方邀请介绍他们探索互助金融的成功经验，更有不少地方政府和农民合作社派人来到濮阳实地考察、交流、取经。

许文盛与他所创立的贷款互助合作社，乘时代之风，走探索之路，在中国小额贷款互助合作的舞台上，展现着他们的魅力和风采。

第五节　"穷人银行"，伟大创意

2006 年 12 月 26 日，诺贝尔和平奖获得者、孟加拉"穷人银行"的创始人穆罕默德·尤努斯教授，应邀来到"中国海南省出席中国（海南）农村小额信贷国际论坛"。

此次国际论坛，由海南省人民政府与中国银监会共同主办，海南省农村小额信用联合社与孟加拉格莱珉信托共同承办。论坛的主题是"小额信贷，服务'三农'"。议题包括小额信贷的实践、政策支持、发展与创新，以及小额信贷与扶贫等。

有来自海内外的两百多位代表参加了此次会议。他们包括印度、尼泊尔、美国等从事小额信贷代表，银行机构代表，有银监会和全国各省级银监局的代表，还特别邀请了在国内从事农村小额信贷卓有成效的实践者。

年轻的许文盛作为"国内从事农村小额信贷卓有成效的实践者"，应邀参加了此次国际论坛。

这一年，许文盛 37 岁。在这次论坛上，许文盛与国内外的金融专家有了交流的机会，可以说是大开眼界，收获颇多。尤其是尤努斯教授的演讲，更是深深地打动了他，让他印象深刻，受益匪浅。

创立一家穷人的银行，这是穆罕默德·尤努斯最伟大的一个创意，也是他一生中最成功的一个创意。他又为什么能有这样伟大的创意呢？

那是 1976 年，在孟加拉的一个乡村，尤努斯发现一个贫困的农妇，仅仅因为没有 5 塔卡（相当于 22 美分）的资金购买劳作的原材料，而不得不接受高利贷商的剥削。震惊之余，尤努斯陷入了深深的思考之中。

有一颗善良慈悲之心的尤努斯，有了创立一个专门为穷人服务、帮助穷人的金融组织的大胆设想。他认为，也许，为穷人提供某种他们能接受的金融方案，比直接给他们提供物质资助，更能帮他们走出困境，帮助他们过上更好的生活。

1983 年，孟加拉格莱珉银行正式成立。从创立至今，格莱珉银行通过向贫困者提供无须担保的小额信贷，帮助千万个穷困的家庭逐步摆脱了贫困。

然而，格莱珉银行并不是一家慈善机构，而是一家自主运营、自负盈亏的金融企业。这家银行的出现，彻底打破了金融业的传统规则。在所有银行的认识中，穷人被视为"金融界不可接触者"，因为穷人无法给这些唯利是图的银行提供贷款担保或者抵押。

人们会担心格莱珉银行的财务状况和呆坏账率，普遍认为他们会赔钱，甚至倒闭。从创立至今，除了创始年1983年，还有孟加拉水灾特别严重的几年外，格莱珉这家"穷人银行"却一直保持稳定的、持续的盈利。

格莱珉银行更有创造性的一个做法，就是鼓励它的贷款者购买银行的股份，成为股东。每人仅限购一股。拥有股份的贷款者，可以参与银行的管理事务。比如，他们可以投票选举董事会。他们之所以这样做，一是让穷人贷款者感觉格莱珉银行是真正属于穷人自己的银行，增强信任感、责任感并提高还贷率；二是为了增强贫困者的自信心，因为长期的贫困，往往会使穷人的自信心受到很大伤害。

今天，尤努斯创办的孟加拉格莱珉银行，在世界上探索出了小额信贷帮助穷人就业和摆脱贫困生活的成功经验，从最初的27美元借款开始，已经发展成为一个拥有2000多个分支机构的庞大乡村银行网络，而且全世界已有数十个国家仿效格莱珉银行模式，建立了自己的农村小额信贷体系。

为人类和平与发展做出卓著贡献的格莱珉银行的创始人、经济学家尤努斯，因此先后获得了诺贝尔和平奖、悉尼和平奖等多项荣誉……

尤努斯教授在此次海南国际论坛上的演讲，非常生动、深刻、精辟，令人难忘。

他说，他创办的格莱珉银行，是帮助贫困者的"穷人的银行"，他的原则就是帮助孟加拉最贫穷的人实现个体创业，从而使他们摆脱贫困生活。格莱珉的贷款者90%都是妇女，让她们在经济上逐步摆脱了贫困，还帮助21000名儿童重返了校园。他还尝试设立了一个项目，帮助上万名乞丐实现经济自立。格莱珉不但提供贷款，还提供咨询和服务，帮助贷款者有效利用这些钱。

他的目标是帮助孟加拉的穷人们。他把和贫困斗争的人比喻为一棵不断生长的小树。他说，给树种足够活动的空间，种子才可以发芽成长。只要社会为每一个人创造足够空间，每个人都会变成一棵向上生长的树。小额信贷就是帮助个人创造空间的很好工具，即使一个乞讨的人，在金融的支持帮助下，也可能成为一个企业的创业人，每个人都有企业家的潜能。

尤努斯教授的演讲，幽默风趣，激情满怀，赢得了与会者热烈不息的掌声。

37岁的许文盛，在这次论坛会议上，不仅见到了尤努斯教授，聆听了他的演讲，两个人还在有关专家安排下亲切合影留念。许文盛借此机会，将濮阳市农村贷款互助合作社的小额互助贷款情况，与尤努斯教授进行了交流，热情邀请尤努斯教授到濮阳去考察指导。

尤努斯对许文盛和他创立的濮阳市农村贷款互助合作社很感兴趣，答应将在方便的时候亲自或派人到中国河南濮阳，考察交流小额信贷的金融探索经验。

让许文盛没有想到的是，2010年5月，尤努斯教授促成了孟加拉农村就业支持基金会（PKSF）考察团前来中国考察。

2010年5月，在尤努斯教授的推动下，孟加拉农村就业支持基金（PKSF）考察团前来中国考察，并在中国国际经济技术交流中心领导的陪同下，一行15人专程来到濮阳考察学习。他们对濮阳市农村贷款互助合作社"社区内外联合，'总社+分社+农民互助中心'"的运作模式，对于贷款互助合作社在广大农村发动农民、组织农民、依靠农民、造福农民的工作方法及其帮助众多农民脱贫致富的显著成果，大加赞赏。

此后数年，濮阳市农村贷款互助合作社，在探索实践之中发展迅速，引起国内外的广泛关注。

第六节　誉满国内，名扬海外

2007年以后，全国多个省市县的官方团体和民间组织前来濮阳参观学习"濮阳模式"的经验，贷款互助合作社也积极借鉴国内外小额信贷组织的经验，不断提升自身的金融创新能力，在国内外产生越来越广泛的影响。

2010年1月，在新中国成立60周年合作金融60人评选活动中，许文盛获评"建国60年合作金融'十大优秀人物'"。同期获奖的还有杜晓山和温铁军、何广文、王曙光等国内著名的"三农"学者。

2010年1月22日，2009年"中国合作经济年度人物奖"评选活动正式启动，许文盛作为河南合作经济领域杰出代表名列其中。

2010 年 3 月 9 日，许文盛根据商务部的安排，参加了在日内瓦举办的第三届微型金融投资高峰会。此次出访活动，由商务部中国国际经济技术交流中心组织，随团人员由来自国家开发银行等单位的专家共 11 人组成。许文盛首次受邀走出了国门，并在这次国际投资高峰会上介绍了自己在中国农村推行小额互助贷款的探索经验。

2010 年 5 月 13 日，由国务院九部委组成的新型合作金融调研组，在郑州听取了许文盛代表濮阳市农村贷款互助合作社所作的工作汇报，调研组对贷款互助合作社多年来所做的探索和创新给予了肯定。

2010 年 11 月 6 日，资金互助社信用联盟秘书长谢勇模前来考察，对濮阳市农村贷款互助合作社 4 年多来的探索发展及其成果高度肯定，认为贷款互助合作社建成了一个非常厉害的团队。

2010 年 12 月 6 日至 8 日，许文盛与葛东良副社长应邀赴京参加了"2010 年中国农民合作经济发展顶级论坛"并作了专题发言。论坛在中国人民大学举行，出席论坛的有 200 多人，既有温铁军、何广文、缪建平、何慧丽、李昌平、周立、周良芳、刘老石等国内著名"三农"专家学者，也有郑冰、廖晓义、马艺厂、李凤翔、王猛等一线合作社代表。12 月 8 日，论坛大会授予濮阳市农村贷款互助合作社"全国农民合作经济调研基地"。

2011 年，贷款互助合作社先后被中国竞争力峰会评为"中国小额贷款服务公众满意最佳典范品牌"、被中国质量万里行评为

"中国质量信用企业"，许文盛被评为"中国经济最受尊敬时代改革创新人物"。

2011年9月14日至17日，由中国人民大学乡村建设中心组织的全国农村金融与资金互助培训班在濮阳举办。来自吉林、浙江、河北、山东等全国10多个省市的40多位相关负责人来此参加学习，培训班邀请许文盛为来自全国各地的代表们讲了"濮阳模式"的探索历程和经验。培训期间，代表们与中国人民大学乡村建设中心、北京梁漱溟乡村建设中心的专家学者，展开了连续三天的交流沟通，并实地考察了濮阳市农村贷款互助合作社总社机关和营业室、新习菜市场互助中心、城关分社、许屯村互助中心，大家对濮阳市农村贷款互助合作社5年来的发展成就和运营模式给予了高度评价。

2011年9月20日至21日，北京农禾之家咨询服务中心，深入濮阳对世界银行援助项目进行调研，并参加村级互助中心检查验收活动。验收结果，濮阳市农村贷款互助合作社对世行援助项目的实施非常成功。

2011年10月6日至10日，主题为"新格局　新华商　新动力"第十一届世界华商大会在新加坡召开，来自全球32个国家和地区的4000多名代表参加了大会。许文盛作为中国国内知名的小额金融合作组织的探索者，应邀参加了此次盛会。

2011年10月18日至20日，中国小额信贷联盟在北京举办了第七届联盟年会暨2011年中国小额信贷高峰论坛和中国银行业协会（花旗集团）"微型创业奖"颁奖系列活动。全国人大财经委副主任委员吴晓灵女士出席了颁奖典礼，人民银行和银监会等金融政策和监管部门的领导、联盟会员机构、顾问机构、国内外小额信贷机构及其他相关机构和专家学者近 200 人参加了会议。许文盛应邀参会并在会上作了《社区互助，内联外引，塑造中国特色小额信贷模式》的专题发言。

2011 年 11 月 14 日至 18 日，中国人民大学马九杰教授、周立教授带领 12 名师生对濮阳市农村贷款互助合作社进行了为期一周的调研。马九杰、周立两位教授调研后认为："濮阳市农村贷款互助合作社把资金管理技术同群众基础工作结合起来，外力促内生，内联促外引，统分结合、多层互助，这样的发展模式极具推广价值，为提升农村金融的普惠性做出了贡献。"

2011 年 12 月 8 日，来自吉林的全国首家农村资金互助社的推动者姜柏林，在北京农信之家咨询中心秘书长谢勇模的陪同下莅临濮阳，与许文盛再次聚会，就近期各自的发展状况、经验及今后的发展思路等做了深入交流。

2011 年 12 月 26 日至 27 日，2011 年中国农民合作经济论坛在中国人民大学农业与农村发展学院召开。此次论坛以"农民合作组织网络建设"为主题，展开对话。许文盛应邀参会并在分论坛上发言："小额信贷在发展的同时也要保护自己，就目前濮阳市各类投资、担保公司遍地开花的复杂环境，我们应保持清醒的头脑，踏踏实实做好互助事业，杜绝高利贷，慎防互助金融异化。"

2011 年年底至 2012 年年初，中国人民大学、中国农业大学分别完成了对贷款互助合作社的调研，两份评估报告均肯定了贷款互助合作社的模式与成绩。

2012 年 1 月 6 日至 8 日，中国农业大学金融系主任何广文教授带领 4 人团队，对濮阳新型互助金融模式进行总结评价，并参加村互助中心社长年会做理论辅导。

《银行家》杂志（*The Banker*）源于英国《金融时报》集团，是为世界范围内的银行界和企业界的财务决策者提供基本金融信息的知名读物。2012 年，在第二期《银行家》杂志上，刊发了濮阳市农村贷款互助合作社科研部的专题调研文章《濮阳互助金融制度的建立与变革》《"濮阳模式"的推广复制前景探讨》两篇文章。

2012 年 2 月 2 日和 2 月 3 日，中央电视台七套节目《魅力城乡》，播出了濮阳市农村贷款互助合作社的专题节目。2011 年 12 月，《魅力城乡》节目组来到濮阳，对濮阳市农村贷款互助合作社进行了专题采访。

2012 年 2 月 25 日和 26 日，商务部中国国际经济技术交流中心扶贫处处长、中国小额信贷联盟秘书长白澄宇，协同龙润集团焦然等 5 人莅临濮阳市农村贷款互助合作社考察，听取了许文盛对农村小额金融互助贷款业务的介绍，走访了基层分社和农民互助中心，并与部分客户进行了座谈。

2012 年 3 月 2 日，许文盛应邀参加中国民间借贷风险防范座谈会并作专题发言。杜晓山、何广文、白澄宇这些在全国著名的"三农"问题专家在会上肯定了濮阳市农村贷款互助合作社的金融探索成果，一致认为，中国农村的金融探索和改革，一定要走合作金融的路子。

2012年5月22日至23日，河北金融学院院长、教授陈尊厚一行几人莅临濮阳，签署了科研合作协议书，濮阳市农村贷款互助合作社成为"河北省科技金融重点实验室农村科技金融研究合作单位"。

2012年7月24日，全国供销合作总社监事会办公室主任许德范、合作指导部处长葛书院等一行4人，在河南省供销合作社孙新德副主任、濮阳市供销合作社主任的陪同下来到濮阳，对贷款互助合作社的焦二寨互助中心购销服务部和城关分社实地考察。许文盛向调研组及有关领导汇报了互助金融运转等情况。此次全国供销合作总社来河南主要进行供销合作社"推进现代农业组织制度创新"专题调研。

2012年9月27日至28日，中国合作社农村金融服务发展论坛在四川成都召开。论坛由中华全国供销合作总社主办，旨在通过听取金融界领导及专家学者的指导和建议，交流供销合作社近年探索开展农村金融服务的实践情况和经验教训，深入研究供销合作社介入农村金融市场的突破口和发展路径，探索适合农村特点的金融产品和服务方式，构建供销合作社为农服务的金融体系。

濮阳市农村贷款互助合作社应邀赴会。社长许文盛结合贷款互助合作社6年来的实践探索经验，呼吁供销社在填补合作金融盲区探索中肩负起领导作用，尽早推动政府出台农村合作金融改革的专项政策。

2012 年 10 月 21 日至 23 日，许文盛与副社长葛东良赴宁夏回族自治区供销合作社进行讲座。许文盛进行了《供销社能否担当合作社领导者》的主旨演讲，受到大家的热议。宁夏回族自治区供销社领导高度评价了"濮阳模式"，认为合作经济的精髓，在于合作，而不是供销，没有合作，供销社就没有存在的必要。

2012 年 11 月 12 日，中共中央党校经济学部教授、博导徐祥临等一行莅临濮阳，调研濮阳市新农村建设和农村金融课题。濮阳市农村贷款互助合作社理事长许文盛应邀参加座谈会并汇报工作，受到与会专家的好评。

2012 年 12 月 7 日，中国农业大学金融系主任何广文率调研团队应邀参加了濮阳市农村贷款互助合作社 2012 年中心社长年会。这位著名的"三农"问题专家在会上应邀讲话说："我做农村金融研究 27 年，调研了 300 多县区，从来没有参加过这样的会议。面对这么多农民，我诚惶诚恐。"

何广文针对濮阳市农村贷款互助合作社的工作，谈了自己四点意见，给予了中肯的评价：一是互助社模式，符合中央政策要求，其合作金融探索能够满足群众需求。二是模式扎根农村社区是明确的，各环节都有农民参与，互助中心实际是利益共同体。群众愿意参与，是成功运作的基础，与基金会风险案例不一样，相信大家都不愿搞砸。三是几天来一直在中心调研，强烈感受到这种模式是适应农户与小微企业需求的。国内及濮阳不少大银行，只关注大客户、好项目，搞抵押崇拜。小微企业普遍用款急、没抵押，农村更需要草根金融和草根机构。互助社是草根金融，最接近小微需求，这是调研看到的。发展虽然艰辛，但是很可喜，总体很快，参与者越来越多，满足面越来越大，这与生长在社区有关，社区是成长的基础。四是项目具有可持续的基础，很有发展前景。原因：①符合社会发展理念，贷款助穷，关注弱势、小微、穷人，着眼社区农户等弱势群体，价值观是正确的。②以金融合作或资金互助构建利益共同体，共同体在共赢之上共同成长的机制是具有持续能力的。③业务操作模式从资金运作上是以市场为导向的。只要机构拥有可持续，农户需要的服务才会有可持续。④风险控制措施有利于业务可持续。对小额信贷风险控制很关键，群众积极参与，有利于贷款健康运转。⑤组织模式是可持续发展的基础。员工队伍很有朝气，有为穷人服务的理念，这是很多银行人不具备的。

第五章

跌宕曲折，凤凰涅槃方重生

从此，在中国人民银行和濮阳市人民政府的支持下，濮阳市农村贷款互助合作社（社团法人）转制为"濮阳市农村贷款互助合作社（普通合伙）"之后，以崭新的金融合伙企业的组织形式，继续在濮阳市进行农村金融探索，继续服务濮阳市广大农村千家万户的农民，继续助力濮阳的社会主义新农村建设。

第一节　呐喊疾呼，振聋发聩

2012年3月2日，中国民间借贷风险防范座谈会在北京召开。杜晓山、何广文、白澄宇这些全国著名的"三农"问题专家，在会上肯定了濮阳市农村贷款互助合作社的金融探索成果，一致认为，中国农村的金融探索和改革，一定要走合作金融的路子！

杜晓山说，合作金融起到了一定的补充作用。同时，不强调利润最大化，强调客户、农民本身是主体，是所有者，又是被服务者。我们为什么不多做点合作金融呢？这才是我们真正应该做的事情！

白澄宇说，做小额信贷这么多年，越来越感觉到真正要解决农户贷款难的问题，外面的所有金融机构都靠不住，必须得靠农民自己，必须走合作化的道路。

何广文认为，贷款互助合作社把需要互助的农民组成一个农民互助中心，成立"村银行"，农民可以入资格股、投资股，后来发展到城市社区和农村都有了这样的组织。从整个资金流向来看，城市里入股金额要大于借款金额，而农村的资金需求大于供给，贷款互助合作社实现了资金的回流，即城市反哺农村。这种模式还解决了一般银行难以解决的信息不对称问题。"客户经理管钱不管人，村银行管人不管钱"的运作模式，农民在村里面就有了一个信用筛选过程，这是其他机制所解决不了的。

三位著名专家发言之后，应邀参会的许文盛被安排发言。许文盛是一个具有丰富的金融实践经验和敏锐洞察力的人，因此他的发言往往是有的放矢、掷地有声：

参加这个会议，是来学习的。整整一天了，大家讨论学习的是孟加拉的模式，或者是引进国外 P2P 模式到中国来寻求突破。但是大家唯独忘了一点，中国农民究竟需要什么？谁才是真正的需要者？他的诉求是什么？忽略了这一点，中国农村金融问题没有办法解决。

要解决农村金融问题，第一，必须解决贷款入户的问题；第二，必须调动农民的积极性，让农民自己行动起来，配合我们运营这种模式。结合这两点，我们就提出来两种观点：第一，我们认为中国不缺银行，但绝对缺少中国老百姓真正自己的银行；第二，中国不缺银行，但缺少的是真正融入社区、农民完全参与的组织。所以我们就设定了，把国际通用模式——"村银行"搬了过来。我们就研究中国的村落基本存在形态，中国人多数在农村是按村落存在的，一个村内部总有人有闲钱，同时也总有人缺钱；中国人是按家庭经营的，也是有时宽时紧这样的基本情况。这就说明了什么呢？无论是村落还是家庭，都存在资金调剂的必要性和可能性。我是学金融的，银行的起源其实就是一个板凳。所以我们认为中国的银行需要一种返璞归真，在这种情况下，我们就确定了"村银行"这样一个概念。

为了复制和传播"村银行模式"，我们给机构做了一个定位：第一，把所有的职工培养成社会工作者和社会活动家，用小额信贷发动、组织群众；第二，把所有群众培养成农民银行家，让他们知道"村银行"是自己的。经过若干年的努力，我们基本上达到了一期试验目的，让贷款互助合作社成了一个闻名全国的项目。

与此相呼应，针对农村信用社代表的合作金融，我们提出了互动金融的概念，试图引导农村金融走向，在农村信用社商业化改造之后，解决新出现的中国合作金融空白怎么填补的问题。我们希望这个模式能够不断发展，成长为一个能够和孟加拉乡村银行小额信贷相媲美的中国人自己的模式。

贷款互助合作社整个运行可以用几句话来概括，作为一个试验点，贷款互助合作社首先是一个小额信贷机构，这个机构自身有钱，可以到村里去推动一个村落一个村落的群众成立自己的组织。其次，把农村社区居住的生活习惯和家庭经营的基本特点与民族互助的美德完全融为一体。

如何让农民需要钱的时候马上把钱抓在手里面，这是我们要解决的。概括起来16个字：宽裕时入股，我助人；困难时贷款，人助我。比如，张三需要钱了，我们是邻居，找到我了，孩子要结婚，借我5000块钱，我借给他了；当我有困难的时候，张三绝对有义务帮助我，这就是中华民族最传统的互助美德。一个项目，无论是美国的，还是孟加拉的，必须植根于本国的文化，离开了这个，不可能有生命力，所以我们就设立了这个模式。

我们通过这种方法解决了一系列问题，比如，怎么样调动群众的积极性？通过这样的方法，我们的资金和农民的资金一起运营，共同承担风险，就很好地把群众积极性调动起来了，这就是我们常说的"动员农民管农民"。在座的大家，包括我进到一个陌生的村子，去管理人，我们都没有这样的优势，想管也管不住。但是这个人的好坏，村里的群众自有度量。通过群众的组织，群众监督的积极性，我们很好地就把握了人的问题。因为我们知道小额贷款先天有一个特点，不怕人穷，就怕无赖。穷点不可怕，但是无赖绝对可怕。所以人的筛选是小额信贷能否成功的基础。这是风险共担的体系。用农民的一句话说，老百姓的事，老百姓自己去干，就没有办不好的。通过这种模式，这么多年，我们在濮阳市的两县两区范围内，推动了595个"村银行"，涉及 13000 户，目前贷款余额 1.15 亿元。我们资产总量目前 1.4 亿多元，仅通过银行存款备付的资金就有 2000 多万元。

具体运营方面，贷款互助合作社最切合特点的就是资金互助社。资金互助社发展比较慢，为什么呢？我想原因大家都清楚，最根本的一点，金融人才稀缺，缺乏金融知识的普及，是制约当前农村金融问题解决的最主要原因。现在河南很多担保公司，很多小贷公司，做了很多贷款，没有一家进村的，许多家在做高利贷。所以培训组织农民普及金融教育应该是最关键的，我们长期按这种方法运作，截止到去年，我们的农村社区金融教育培训项目获得了世界银行的支持，也是对我们这种模式的一种认同。

随着贷款互助合作社的崛起和壮大，越来越多的老百姓加入这个行列当中来，觉得我们能帮他解决问题，它就形成一个很大的合力，形成一个品牌，所以很多群众，包括政府的一些委托项目，我们都实现了通过这个组织来解决。很多群众说，我的钱闲着，能不能投到你们这儿来帮助其他的人呢？这样就形成一个和其他银行反道而行的办法，其他银行到农村都是抽水去了，而我们则是把城镇的资金引导回流到农村去。白处长和何老师都去过，我们几乎所有的分社都在农村，现在运营的 7 个机构中 6 个在农村。由于很好坚持了小额信贷帮扶弱势群体的信念，群众积极参与，我们的资金就形成了良性循环。中国人民大学马九杰教授去濮阳考察以后，认为我们这个模式是一个伟大的创新，为中国农村做的贡献将是不可估量的。

接下来，我就今天中午讨论很热烈的一些问题跟大家探讨。

首先是要不要监管？从基层来说，我认为监管是必须的。我们这几年一直在和政府合作，来寻求政府更大方面的支持。金融是经济最核心的形式，一旦金融出了问题，它产生的问题会更加严重……金融乱不得，要想搞金融，首先定规矩，谁想进这个圈子，按规矩走。就像江苏的殷主任说的情况一样，确保这一块有序进行，要比任其发展，长成一盘乱草，怎么割都割不掉要好。

其次是要不要抵制高利贷？王总以杨白劳为例，把问题提得非常好。小额信贷的基本信念就是帮助穷人，给穷人发展机会，本身就兼有扶贫和公益的特点。如果不抵制高利贷，不把控制高利贷作为基本目标的话，而放开利率，那就背离了善行助穷的思想。一个单位，一个人要活得有尊严，必须要有自己的思想。贷款互助合作社结合民族文化提出这样的思想，善行助贷：第一，坚决面向弱势人群做小额贷款；第二，坚决抵制高利贷。这里边仅仅说善行是一个比较自私的观点，但是从保护自己来说，我们也必须要抵制高利贷。所以，我觉得能不能做到抵制高利贷和坚持小贷，是考验着所有从业人员良心的行为。我们是否有良心和道德做这件事？这个底线必须坚持，也就是说社会需要我们自我监管。

我以为，中国人应该有我们自己的微金融模式，而不是完全抄袭别人的。我们希望更多专家、学者以及领导给我们贷款互助合作社这种模式多提宝贵意见，让这个中国人自己的模式在中国自己的土壤上很好地生存发展，从而为更多的中国民众造福，最终帮助我们实现创建媲美孟加拉乡村银行的中国小额信贷模式，共同完成中华民族自己的使命！

有感于国际小额信贷事件的不断发生，更切身感受到国内小额信贷的乱象纷纷，作为投身小额信贷互助合作社的多年探索者，其职业的敏感和丰富的经验，让许文盛感受到了国内小额信贷"山雨欲来风满楼"的巨大风险，为此忧心忡忡。2011年2月17日，许文盛围绕小额信贷组织正在变异的风险和危害，发表了《警惕小额信贷组织异化风险》的警示文章：

去年以来，国际小额信贷成为多事之秋。印度政府紧急叫停全国范围内针对贫民的小额贷款项目，敲响了世界各国小额信贷政策的警钟；小额信贷发明人——诺贝尔和平奖获得者尤努斯，被孟加拉政府女总理指责"榨取穷人血汗"；国内渭南等地屡发高利贷逼死人命的恶性事件……

我无心查究尤努斯被女总理指责是否政治阴谋，但国内各种借贷组织雨后春笋般诞生，发展速度委实触目惊心。担保公司、投资公司、咨询公司、小额贷款公司、典当行、专业合作社、村镇银行、资金互助社等，仿佛一夜之间就充斥了各地城区街道。事业成功者、生意亏损者、有官场背景者，纷纷办起了借贷公司，其中甚至不乏空壳登记或无照经营者。贷款互助合作社在中国社会科学院支持下耗时18个月艰难注册的难题，似乎已不存在。而各种借贷机构，多借名帮助弱势群体，还变相高利贷之魂，却鲜少下乡助农者，情况实在令人担忧。

结合国家逐步放开农村金融市场，以及初显的借贷市场混乱和高利贷蔓延乱象，我曾请教杜老师，得到"我们是铺路石"的答复。参加日内瓦国际小额信贷会议归国后，再向多个老师谈了混乱可能引发国内小额信贷危机的担忧，也未得解。只能洁身自好，与高利贷划清界限，把精力更多放在锤炼团队、传播使命、细分市场、努力使经营重心下移帮扶弱势群体、推动机构持续稳健发展等方面，忍看混乱日益加剧，对中国小额信贷异化的担忧也日甚一日。

某高官9月在小额信贷网络年会上透露"正在修订的《贷款通则》将取消高利贷限制"，银行将取消存贷款利率限制，濮阳已出现多家机构对一户催收贷款的异常情况……原本民众偶然需要的借款需求，在政府普遍性提倡或一哄而上之后，当稀缺的金融资源不再稀缺，甚至激烈竞争之后，难以坚持公益助穷目标的中国小额信贷，势将重蹈印度多机构重复对一户贷款最终崩盘的覆辙。

高利贷者不可能真心帮助穷人！成本一定让穷人能够接受，是帮助穷人基本标准，符合银行参与社会利润平均分配的金融学规则。高利贷榨取血汗，不仅影响穷人借助资金致富，无益社会进步，甚至引发社会问题。

尤努斯认为，"小额贷款商业化发展的方向是错误的"。在他看来，"远离利益，专注于穷人，是小额信贷行业最基本的原则。如果不能做到，就不是帮助穷人。没有对穷人的同情，穷人就成了被用来赚钱的工具。眼睛被利益蒙蔽时，人要看到的只有利益。"防范小额信贷异化，治理高利贷，大家与政府一定会有公论！

循序渐进，是国际金融改革的重要原则。因于条块分割的行政体系，中国农村金融改革始终未能超脱"一管就死、一放就乱"的魔咒。自 2005 年以来，人民银行、银监会、扶贫办与财政部相继启动了小额贷款公司、村镇银行、贷款公司、资金互助社、贫困村互助资金合作社试验；自 2008 年以来，为抗击国际金融危机、破解中小企业融资难的问题，工信部推动担保公司全国发展。这些机构除资金互助社、贫困村互助资金合作社外，大多放弃了小额信贷组织坚持的扶贫和公益特性，异常追求商业利润，在监管缺乏的背景下，甚至公开为高利贷招魂，这和我国社会主义国家制度是背离的。

中国社会科学院、商务部、扶贫基金会和贷款互助合作社等小额信贷早期播火者和探索者，曾为探索农村金融改革之路做出贡献，但在坚持 10 多年公益性试验之后，却未成为改革的受益者，反而被排斥在制度框架外。他们所坚持的公益性扶贫品质，是国家的宝贵财富，是区分小额信贷是否异化的试金石。

中国政府应未雨绸缪，借鉴印度等国小额信贷被无节制地商业化操作，变身为富人、银行和资本压榨赤贫者的工具的教训，高擎小额信贷扶贫公益的大旗，以行政法律形式禁止高利贷，让 NGO 小额信贷组织在防范小额信贷异化方面担当更多社会责任，而不应该只是"铺路石"。

2011 年 10 月 18 日至 20 日，中国小额信贷联盟在北京举办了第七届联盟年会暨 2011 年中国小额信贷高峰论坛和中国银行业协会（花旗集团）微型创业奖颁奖系列活动。联盟会员机构、顾问机构、国内外小额信贷机构及其他相关机构和专家学者近 200 人参加了会议。

许文盛应邀参会并在会上作了《社区互助，内联外引，塑造中国特色小额信贷模式》的专题发言：

首先与大家分享一下这两天会议及论坛大家的观点。

吴晓灵行长讲话认为，中国不缺资金，但缺少富余资金到融资者的渠道和方法。同时向大家提出一个警告，互助资金不宜出村，要防止非法集资。

人民银行研究局汪小亚局长，与我们分享了拉美考察的心得。非常推崇其小额信贷网络管理的方法，认为很值得我们借鉴。

中国农业大学何广文教授则向我们提出一个很严峻的问题，中国为解决农村金融问题放宽农村金融机构准入，成立了很多小额贷款公司、村镇银行，很少有机构真正下农村，农村金融机构在发达地区与落后地区分布不均衡。

国务院扶贫办杨炼老师与大家分享了贫困基金的一些信息：缺少适合贫困地区、贫困人口的金融产品，草海的村基金最初做得很好，但是持续发展若干年之后，却销声匿迹了。

吴晓灵行长所期望的富余资金到融资者之间的渠道和方法，

汪局长所期望的网络如何建立？什么原因造成了何老师和杨老师提出的问题？怎样解决问题？我觉得这些都是最值得我们大家会议之后去思考的。

中国那么多银行，又有3000多家小额贷款公司，近百家村镇银行，40多个资金互助社，为什么包括小微企业在内的弱势群体贷款难的问题仍然没有办法解决，甚至出现了温州高利贷崩盘等恶劣事件？最终还惊动了国务院温家宝总理，带着人民银行、银监会的领导们赶去浙江救急，这些问题很值得我们去思考。我们机构怎么定位？该怎样去发展？我刚从新加坡参加完世界华商大会回来，高利贷崩盘事件在新加坡被炒得火热，几乎所有的大媒体都在报道这件事。作为银行人，我不得不担心这样一个问题，那就是这次救市之后，会不会再次出现大面积的银行坏账？

会前会后，大家都在探讨，小额贷款机构，特别作为公益性的这么一个组织，我们又做了这么多年，但是因为缺资金，我们被束缚了发展的翅膀，没有办法发展，我们该怎么办？

我想大家都应该关注到中国这样一个基本现状：在中国，无论乡村，还是城镇，人们都是群居生活，农村按村子居住，城镇按社区、家属院居住，这在研究界统称为社区。咱中国不缺银行，缺少的是真正融入社区，与农民大众融为一体的金融组织。那些社区以外的银行都不是咱老百姓的。

农村金融存在两方面的问题：一方面，老百姓难贷款；另一方面，银行把款贷出去了，却收不回来。一个村子里，拿到银行的贷款，亏个几千万，没有一个老百姓皱眉头。甚至我们农行去要贷款，进到村子里连人都找不到，没有群众给我们提供他家在哪儿的信息。为什么会出现这些问题呢？用人民大学周立教授的讲法，就是对农村来说，这个复杂的小社会存在内外两重排异，即金融机构排斥农民，同时农民不敢跟定银行，因为银行和老百姓不是一家人，是两码事，我没必要关注你的发展。结合这些情况，我们可以把中国金融分成两大类：一类是内置性的，融入社区的，如贫困村基金、资金互助社、贷款互助社；另一类是社区以外的，愿意或不愿意到村里去做贷款的组织。无疑，内置性互助组织是老百姓自己的银行，可以很好地调动社区群众内生的积极性。社区外贷款组织，很难与社区产生融合。

探索解决农村金融问题，无法绕开农村社区内力和外力融合的关键问题。没有农民主体地位的真正确立，没有扎实有效的农民金融教育培训，没有金融机构和农民积极性的双向调动，农村金融问题永远不可能根本解决。基于这种情况，我们提出一种解决方案，体现与传统合作金融的区分，我们称之为互助金融。它的基本方法就是立足社区，重新组织群众，组织再建为基础，逐步恢复社区秩序，包括信用、流通、生产、文化等秩序。我们期望，小额信贷帮助穷人的理念，和中华民族互相帮助的美德相结合，逐步创建媲美孟加拉乡村银行的中国农民互助银行新模式。

接下来，我将向大家介绍我们的模式和方法。原本担心大家不容易接受，但杨炼老师刚刚给大家介绍了扶贫办贫困村基金的运作情况，我想现在好说多了。因为《领导决策信息》杂志总结的国内新型合作金融组织探索的民间样本就包括贷款互助社、资金互助社、贫困村基金，三者都是立足动员、组织群众，按村落创建资金互助组织，区别一是贫困村基金是财政投资孵化，而我们是民间资金孵化的；二是对应杨老师贫困村基金未来方向问题，我们可能已经找到了解决办法。贫困村基金是孤村运行的，而我们是统分结合、各村之间彼此联络，也就是汪局长期望的网络型的。

我希望我们的探索与方法，能对公益性小额信贷组织解决融资难有所助益，帮助大家解决因缺资金而制约发展的问题。之后，重庆开县互助合作会的钱总将向大家介绍他们的实践，他们的成就很能说明我们方法的实用性与科学性。去年7月，为探索解决资金难题，钱总带领他们几乎所有高管到我社考察，而后根据开县实际设计了会员制操作办法，一年后因为会员积极参与，他们不缺资金了，资产规模从去年的4000万元飙升至9000余万元。

同志们，弱者需要帮助，国民呼唤互助。一个不懂互助的民族，是没有希望的民族！合作互助，是中华民族最重要的美德，是民族崛起复兴的脊梁！我希望互助金融的方法与模式能与小额信贷组织走向更大联合，互助金融防止小额信贷向高利贷异化，坚持穷人银行小额利民的方向，最终共同完成"农民互助银行"之中国特色小额信贷模式的塑造。

当许文盛超时间的发言完毕后，会议主持人、中国社科院杨团这样评价道：许文盛的发言整整超过了11分钟，中间我已经多次提醒他，但是还是让他发言下去了。许文盛很雄辩，他希望把他的这样一种心情，实实在在介绍给大家。就是说，这是一种成功的模式，不是试点了，他已经在濮阳市以内的多个县区推广了。而且在最近两年，我见过他几次，他曾经告诉我说，还有困难，还不能够达到平衡。但是现在告诉大家，今年他们已经开始有比较好的盈利了。前面的路，从制度上讲，可能有障碍，但是从他已经走的实践过程来讲，已经没有障碍了。所以说，这应该是一个很难得的成功典型。时间不算长，之所以能够在这么短的时间内，能够达到这样一个目标，能够做到农民满意，投资人满意，政府也满意，还有他的工作团队也满意，这是很难得的，的的确确需要我们认真去总结。

2012 年，有感于国际金融危机的蔓延和国内高利贷疯狂、集资诈骗大案频发的局面，许文盛 6 月 28 日发表振聋发聩的文章《中国农村金融乱不得》，向社会各界和有关部门大声疾呼：

中国金融乱不得！农村金融更不能乱！因为金融事关国家经济命脉，事关国计大局和民生小利益！一旦乱及基层，势必伤及国家根本。

曾记否，20 世纪 90 年代的金融之乱，荼毒了多少家庭，造成了多少银行坏账？明眼看，"三会一部"之祸，虽举国努力据说至今尚未完全消弭。国际上，美国次贷危机、欧洲债务危机至今没有消解，国际金融危机未见明显突围迹象。在国内，东阳吴英被判无期，包头金利斌泼油自焚，温州老板跑路，非法金融令多少老板走向不归路？江苏泗洪、浙江温州、内蒙古鄂尔多斯、河南安阳、山东邹平，各地频发非法集资大案，使多少家庭的积蓄一夜间灰飞烟灭重返贫困，又使多少地方政府因民众上访而焦头烂额？比较西方发达的金融体系，中国金融家底尚薄，面对金融危机中国经济并无特殊免疫能力……各地频发的案件，足证金融规范发展和监管的重要性。各地频发的案件，该能触动国民的良知；触目惊心血淋淋的事实，该能触发政府官员们的责任。金融乱不得，直面金融之乱象，我们的政府和群众，不能再不作为了！

我出身农门，深刻体会贫家借款之难。震撼于邻居杨国胜无法筹足学费终身定格为农民的事实，惊讶于传统商业银行面对弱势家庭贷款的不作为和贷款大面积死滞，悟及构造商业性金融与社区草根型互助金融互补的多层次农村金融体系，才是农村金融的基本出路。倾尽家财创办濮阳市农村贷款互助合作社，配合中国社会科学院小额信贷课题研究，历6年努力，使之成长为闻名全国的农村金融创新探索项目，形成了纵横两县两区的新型互助金融机构雏形，被众多媒体、专家誉为"破解农村金融的濮阳模式"。

然而，因于群龙治水的复杂格局，"金融探路先锋"却未能成为农村金融改革的受益者，至今被排斥在正规金融体系之外，未拿到金融许可证，急需政府支持下寻求监管部门认可并完成向"互助银行"的转制。作为创始人四顾茫然而难知归处，不得不慨叹生不逢时。

自 2004 年 12 月至 2006 年 7 月，濮阳市农村贷款互助合作社经历了 18 个月的艰难登记历程。其难产的消息，由《第一财经日报》披露后，经《华尔街日报》等媒体转发产生了巨大影响，国内各地众多同人来电慰问支持，后在中国社会科学院和濮阳市政府大力支持下，方完成注册并揭牌试验。孰料，试验数年之后，"担保公司""投资公司"等仿佛一夜之间遍布了市井街头，挂羊头卖狗肉大行非法集资之实，市场变得异常混乱。2010 年后情形更乱，濮阳街头开始出现的"助贷公司""农村资金互助社"，抄袭贷款互助合作社模式却行高利贷之实；2012 年政府清理担保公司，翻牌合作社蔚然成风，"合作社资金互助部"一时间挂满街头。

中国人民大学农发院主办的 2011 年农民合作经济论坛上，我曾警示慎防互助金融异化，呼吁提防空壳合作社坑农害农。2012 年 3 月，在商务部中国国际技术交流中心和小额信贷联盟主办的民间借贷座谈会合作金融分论坛上，与会专家终于统一了思想，"农村金融改革的出路在合作金融""政府必须在农村金融改革中有所作为""民间借贷必须先规范后发展""民间借贷必须抵制高利贷，使经营处于国家法律保护之下"等，然而并未引起决策层的注意。

一介草民，从不敢以研究者自居，却自知定位准确关乎长远，安身立命踏实做事，力求思想转化为实际生产力。濮阳已经发生的李伟自首及宏丰集团公司、正凰投资公司等非法集资大案，虽已经触疼了政府加强监管的决心，但雨后春笋般兴起的

"×××合作社资金互助部"，却令人不得不忧心"城门失火，祸及池鱼"，并担忧起民间借贷的前景来。

危机当头，诸官芸芸，谁懂金融？茫茫人海，知我者谁？知金融者几何？离开政府支持，"爱我金融，振兴中华"，只是痴人说梦。真心期望在强化民间金融监管中，政府能早日有所作为，进行法与非法的区分，早日还我一片晴空。

第二节 天灾人祸，命运堪忧

古语说，城门失火，殃及池鱼。

从 2009 年至 2013 年，许文盛一直在密切地关注着国际国内的金融乱象，尤其是遍地开花的小额贷款公司、典当行和众多打着合作金融幌子的高利贷公司，它们的不断崩盘导致了千万家庭的崩溃。

对于正规经营的贷款互助合作社来说，每天国际国内发生的这些金融事件，让许文盛内心隐隐地有一种不安甚至恐惧的感觉，总感觉有一天这种乱象发展下去，会给贷款互助合作社的发展带来灾难。

他希望这种危机感不要变为现实，因此不断通过参加全国大型会议的机会呐喊疾呼。作为一介平民，仅仅是贷款互助合作社的一个负责人，他的呐喊疾呼，却最终无法阻挡金融灾难的到来。

自 2010 年以来，国际金融市场形势风云变幻，贷款客户过度负债问题防不胜防，各类放贷公司经营持续恶化，成为严重的社会问题。小额贷款公司引发国际金融危机，印度成为爆发地，尤为严重。

安得拉邦政府在未经调查与确认的情况下，将当地多人自杀的原因归结于小额贷款公司的高利率，宣布将强制取缔过于泛滥的信贷行为，并敦促借款人不要及时归还自己的贷款。政府对于小额贷款公司的遏制性干预措施，直接影响了多数贷款人的还款意愿，那些原本资金充裕、准备按时还本付息的借款人，也纷纷选择停止归还贷款，小贷公司的资金链就此断裂，从而诱发了2010年的印度小额信贷危机。

在邻国孟加拉，尤努斯被当局指责为"吸血者"，被免除格莱珉银行行长之职。尤努斯仰天长叹，"小额贷款之父"黯然下课。

那么，小额贷款公司在中国呢？人民银行的数据显示，小额贷款公司从2008年年底的不到500家，迅速增加到2010年年底的2614家，而这只是国家统计到的公司数量，那些"挂羊头卖狗肉"的非法小额贷款公司的数量，其实远远超过这个统计数字。

《中国农村金融服务报告（2010）》中又提到，小贷公司短期贷款余额1952.57亿元，2010年实现账面利润98.3亿元。

中国的小额贷款公司正如印度的小额贷款公司一样，迅猛疯狂地发展，而这些小额贷款公司并不归金融部门管理，它们的主管部门是各省市的工信部门。缺少金融部门监管的众多小额贷款公司，它们以高利率甚至暴利为主，所收客户的贷款利率远远超过国家规定的 2~4 倍利率标准，发展成为"高利贷"，使越来越多的借款人因为还不了贷款而被逼债，自焚、跳楼等自杀事件频繁发生。

从 2010 年到 2013 年年初，在全国多地相继发生多起民间借贷崩盘大案，河南的郑州、洛阳、安阳、信阳、濮阳等多个地方也在发生着小额贷款公司崩盘的事件，并接连爆发多起民间非法集资"风波"，使得河南民间借贷风声鹤唳、草木皆兵，严重影响了部分正规金融机构的正常经营。按照有关部门的规定，农村资金互助社不能参加央行的结算系统、征信系统，这些制约因素，进而影响了合法正规的合作互助组织做大资金规模和扩展业务。

在河南部分农村甚至城市市区内，许多以前的"投资公司""贷款公司"的门牌摘下后，摇身一变换成了"农业合作社"或"××基金"的牌子，而此前成立的农业专业合作社也变身为"资金合作社"。在濮阳一个乡镇，一条街上大大小小的农民资金互助组织竟然有 13 家。在整个濮阳市，当时以合作社名义挂牌的各种农业合作社、资金合作社多达 2000 余家，而这些公司的实质就是贷款公司，从事着"挂羊头卖狗肉"的非法集资和非法放贷。

不合法、不合规的农业合作社、资金合作社，在农村或城市金融领域野蛮生长，而一些真正想在这一领域有所作为的人却拿不到相关牌照。作为濮阳市农村贷款互助合作社理事长的许文盛，面对乱象纷纷的农村金融市场和违规者违法者的扩张经营，除了深深的忧虑，就是无奈和困惑。

许文盛的合作社已经成立 6 年了，累计为濮阳农村的农民和农村小微企业发放贷款 12648 笔，金额 9 亿多元，至今却没有一个金融牌照，还顶着中国社科院"试验基地"的牌子一直处在试验中而没能转正。

紧临濮阳市的安阳市，2011 年民间借贷市场的崩盘事件，又客观上促发了濮阳小贷金融崩盘事件频发，导致血本无归的非法集资受害人屡屡围堵市政府，濮阳市先后立案调查的非法集资、骗贷案件短时间内多达 20 起。

2012 年下半年，濮阳部分企业主因过度负债难以支付高利贷而跑路的事件也开始爆发。

对此，许文盛忧心忡忡。《惊闻邹平殴死江苏民警》，记录了他的心路历程。

媒体报道邹平殴死江苏民警，反思鄂尔多斯、泗洪、温州、安阳、郑州及本地频发的跑路及伤亡事件，皆起于民间金融之无序。金融事关经济命脉，千万乱不得。金融是"双刃剑"，用不好遗祸深远，伤百姓必伤国基。感怀试验 6 年难转正，无法安眠，抒怀吊记。

全民放贷，独缺监管规范，斑斑血债谁心烦？你方唱罢他登场，人人放贷法条忘。却喜市井混混，借罢你家到他家，拆掉东墙补西墙，过度负债压垮。

温州郑州连泗洪，安阳灌南接邹平，多方跑路人浑噩，鄂尔多斯崩盘了。都知金融乱不得，群龙治水乱塞责。注册不问监管事，皆待安排万事休，如此混乱算哪般？

都说覆巢无完卵，城门失火祸池鱼。真心做事难难难，拭目以待眼望穿。

2012年年底，贷款互助合作社多年支持的优质贷款客户赵留保，也突然跑路失踪了。

此时，贷款互助合作社又到了即将要换发登记证的时间，担保人为脱逃担保责任，诬陷贷款互助合作社是高利贷公司，要求政府惩治，给贷款互助合作社的换证工作带来了很大的麻烦，造成了不可估量的损失。

据了解，赵留保曾经是濮阳市最大的水果经销商金三角水果行的老板，在濮阳市从事水果批零生意已经有10余年的时间，为人热情，出手大方，平时与不少政府部门的工作人员关系紧密。随着水果行的规模越做越大，后来承担起了濮阳市政府部门一半以上的水果采购业务，还一度牵头筹建东环水果批发市场。在水果批发生意之外，赵留保还在老家及其他县区拥有几个冷库，专门用来储存从南方运来的水果。

为躲避高利贷者逼债，赵留保和妻子于2012年年底被迫逃亡。迫于生活，夫妇二人在天津火车站重操旧业，摆摊卖水果时被公安机关抓获。

据公安机关调查，"赵留保案"涉案金额高达1000多万元，涉及近 20 个放款人，其中，唯有濮阳市农村贷款互助合作社是正常利息的放款人。从 2009 年开始，赵留保开始以差不多半年一次的间隔在合作社申请贷款，自称贷款用于水果批发。赵留保多数时候能按时归还本息，即使有时候未能按时归还，也会心甘情愿缴纳罚金，从无半句怨言。

然而从 2012 年 6 月开始，赵留保连续拖欠了两笔 30 万元贷款。2012 年 11 月，赵留保归还过利息之后，又向贷款社申请了一笔 30 万元的贷款。在其举家潜逃三天之前，赵留保还手提 1 万元钱的现金到贷款互助合作社归还利息，自此之后，就跑路失踪了，信贷经理再没有联系上他。很多人说，在事发的前几天，还看到金三角水果行正常营业，没有任何要跑路的征兆。

了解赵留保的人说，赵留保千方百计借来的资金，除少量用于经营或弥补亏损外，多数拆东墙补西墙，填了高利贷的窟窿。赵留保夫妻逃跑之前，曾在濮阳宾馆被高利贷者拘禁数日。他逃跑时，恰逢女儿和儿媳临产。

"究其原因，到底是什么把赵留保逼上了绝路？是什么原因让赵留保置即将临产的亲人于不顾而远走他乡？"许文盛说，"难道赵留保当初举债经营，是为了今日千夫所指做阶下囚？赵留保之所以有今天，是因为他不慎跌入了高利贷的深渊。如果允许重新选择的话，坚信他绝对会绕过高利贷的陷阱。"

作为赵留保案的受害者之一，濮阳市农村贷款互助合作社社长许文盛，除了通过法律渠道努力挽回损失之外，他还奋笔疾书，呼吁有关部门整治濮阳市的金融秩序，还濮阳一个公平、良性、透明的金融生态。

许文盛掷地有声地说："无视金融业以本金博取利息收入的风险，全民放贷，各地为何如此疯狂？国内东阳吴英、湘西曾成杰，先后因非法集资被判死缓或执行死刑，国外金融危机与印度等国爆发的小额信贷危机，这些触目惊心的案例，难道就不能刺痛我们麻痹的神经吗？作为金融从业者，难道我们不应该扪心自问：谁把赵留保等企业主推上了过度负债经营和高利贷的泥沼？金融混乱之下，谁堪承受过度负债经营和高利贷折磨？"

许文盛的发问，振聋发聩，令人反思。

第三节　身份"悬空"，八方奔走

2013 年，贷款互助合作社陷入了多事之秋。

2012 年 10 月至 2013 年 3 月，社团法人证书到期的贷款互助合作社正在申请换发证书。受遍布濮阳城乡的农业合作社、投资公司和担保公司等频繁爆雷之乱象拖累，市民政局希望贷款互助合作社转向工商局注册。经市政府有关领导沟通，2 月 28 日，市政府副市长郑实军、郭岩松、沈运田召集市民政局、市工商局、市供销社召开市长办公会，研究决定贷款互助合作社依法向工商局申请登记，注销民政局社团登记，濮阳市政府于 3 月 4 日下发了〔2013〕11 号《市长办公会议纪要》。

许文盛于 3 月 6 日拿到了 11 号《市长办公会议纪要》，还没有高兴起来，就被当头泼了一盆"冷水"，市工商局答复：工商局依法办理企业注册，办公会议纪要没有法律效力，没办法办理企业登记。如办理工商登记，需提交《中华人民共和国金融许可证》。市民政局答复：等你们办好了工商注册，你们的社团法人证书就能注销了。

许文盛无法按纪要规定申请工商局办理企业注册，也无法申请民政局继续换发社团证书。

许文盛不得不再次在市政府、市民政局和市工商局之间奔波周旋。市工商局迫于职责压力，被迫向中国人民银行办公厅发函请示，认定贷款互助合作社的经济性质以及工商局办理濮阳市农村贷款互助合作社注册登记的可行性。

许文盛说："在贷款互助合作社法人身份被悬空的初始的8个月里，我寝食难安。因为担心资金链断裂，不敢再向有需求的农民放贷。2013年3月，决定停办5万元以上非股金社员贷款，甚至做好了全盘清零的准备。几千万元资金趴在银行存款账户上，最多时达到了8000万。其中，农行对公存款账户因证书逾期，被电子系统自动锁死……"

为了使贷款互助合作社再次完成在相关部门的注册或换证，再次得到相关部门确认合法身份，许文盛又像第一次注册时一样上下奔走，踏遍了市政府和有关部门的门槛。

为了使贷款互助合作社活下来，许文盛又像创业初期那样，一次又一次地写材料汇报，不厌其烦地八方奔走。其中之酸甜苦辣，至今难忘。

令许文盛万万没想到的是，在他最困难最需要帮助的时候，濮阳市供销社理事会主任换人了。新主任就职后，对市供销社系统宣布了"五不"原则，即不合作、不发展、不投资、不分红、不经营。不仅一改前两任主任对贷款互助合作社大力支持，而且在不合作前提下不掺和贷款互助合作社任何事务，即使前任主任已经租赁装修中的店面也关停退租了。

2013 年至 2018 年间，贷款互助合作社多次联系供销总社的领导汇报小额信贷扶贫试验基地在综合改革中的作用，供销总社和河南省供销社多次在濮阳市供销社召开综合改革现场会，因为该主任不合作，贷款互助合作社无缘参与现场会。

2016 年 3 月，在市政府推动贷款互助合作社换证的形势下，许文盛找到市供销社，希望继续合作办理工商注册，再次被市供销社拒绝。贷款互助合作社只好独立注册，直到 2017 年 4 月注销社团法人，贷款互助合作社彻底终止了与市供销社的合作关系。

社团法人登记证书逾期，导致贷款互助合作社对公账户被农行电子系统自动锁死，民政局无法继续换证，贷款互助合作社怎样平稳度过危险期？

许文盛想请常务副市长申延平出面协调，可前前后后去了几天都没有等到申副市长，后来才知道他开会去了，当天晚上会从外地回家。

那天晚上，雨很大，许文盛早早地就等在申副市长住的那个家属院的门口。等啊等啊，从傍晚一直等到晚上九点，终于看到申副市长的车回来了。他就开车跟了上去。

　　此时此刻的许文盛，求见领导的心情可想而知，他顾不得太多礼节，在没有预约的情况下，硬是闯进了领导的家里。好在申副市长很开明，知道他这么晚了闯进家里一定有事情，就让他有什么事情直接说。许文盛说了几句道歉的话，见领导并无怪罪之意，便急忙将有关贷款互助合作社在濮阳试验的情况以及国务院、中国人民银行办公厅、国务院扶贫开发领导小组、中国社会科学院等有关部门的审批材料，呈递到了申副市长的手里。

　　不知是不是被许文盛为了事业无所畏惧的精神感动了，总之最后的结局让许文盛很满意，申副市长答应明天上班后过问并处理他的事情。

　　有些不放心的许文盛，第二天又去市政府等消息。

　　等来等去，几天后许文盛还真等来了市政府副秘书长王纪轩的消息：申副市长专门主持召开了市长办公会议，在等待人民银行答复期间，已经部署市民政局继续为贷款互助合作社换发社团法人证书，期限8个月。

　　许文盛说："换证事件关乎贷款互助合作社的命运前程，关乎着千家万户农民社员的切身利益，一日不能重新成功注册，一日心就在天上悬着，吃不好睡不好，每天的日子都是一种煎熬。作为贷款互助合作社的负责人，心里就是有座火山，也要忍着不能喷发，还要稳定'军心'，稳定'民心'，不能让大家的情绪受到打击，只能安慰大家说，换证需要一个过程。政府对此事还是非常重视的，相信贷款互助合作社多年来的探索成就，一定会得到上级部门的认可，要坚信我们的前途是光明的。"

注册的问题如果长期得不到解决，极有可能让贷款互助合作社轻则亏损，重则崩盘，对濮阳的金融市场造成大的动荡，给入社的广大社员造成巨大的经济损失。许文盛压力山大，却只能一方面稳定团队，劝说全体社员稳住阵脚，等候政府安排；另一方面劝告全体经理人确保备付，防范资金链断裂；务必通报全体社员，保小贷压大额，回收资金保备付的重要性，说服社员共渡难关。

许文盛万万没想到，换证事件居然自 2012 年 10 月拖延至 2018 年 11 月，贷款互助合作社的法人身份被"悬空"长达数年时间。换证期间，因法人身份被棚架不仅面临巨大的法律风险，更对贷款互助合作社的财务造成了极大影响。一方面，业务停滞并大幅下滑，强化备付的银行存款余额最高时达到 8000 万元，却不敢放出去，致使贷款互助合作社财务成本急剧上升；另一方面，受复杂的经济形势和恶劣的市场环境拖累，贷款互助合作社的贷款拖欠自 2012 年下半年以来明显呈现攀升趋势，形势令人紧张，工作难度越来越大，仅 2013 年上半年就亏损了 167 万元。

农村金融专家何广文教授调研贷款互助合作社后，对于贷款互助合作社的处境深表同情和忧虑。他表示，贷款互助合作社一直从事小额贷款的金融业务，而一直没有取得金融业务经营许可证，这存在着法律风险。尽管其经营业务比较规范，风险控制比较到位，而金融本身是一个高风险产业，仍需要必要的外部监管。

最令人担忧的是，业务发展如火如荼的贷款互助合作社，却从 2012 年年底开始，被濮阳市民政局以种种原因，拒绝给其办理登记换证手续。民政局认为，"贷款收息、股东分红等经营方式，不符合社团管理规定，已不纯属非营利经济组织，民政无法监管，应由工商部门注册登记"。如此，就造成了贷款互助合作社的再次注册被"悬空"了长达数年的时间。

2013 年 3 月 20 日，刚从北京参加两会回来的盛国民市长主持召开市长办公会，专题研究濮阳市农村贷款互助合作社换证事宜。市委常委、常务副市长申延平、郑实军，副市长郭岩松、沈运田出席会议；市供销社、市民政局、市金融办、市银监局、市工商局有关领导列席了会议。这次会议，对贷款互助合作社的换证，起到了比较有力的推动作用。

2013 年 8 月 25 日，有关部门参与的濮阳市政府工作组正式成立，开始专门解决贷款互助合作社换证和转制事宜。工作组对贷款互助合作社的要求是：逐步收回发放的非农贷款，不允许再发放非农贷款；个人银行账户的资金全部存款转入对公账户；只能在社员内部进行资金互助，不允许吸纳社会资金等。

许文盛代表濮阳市农村贷款互助合作社做出承诺，将会按照上级部门的要求，坚决达到上述标准。

2013 年 9 月 11 日，在常务副市长申延平和政府工作组的协调下，濮阳市民政局为贷款互助合作社办理了 8 个月过渡期的社团登记证换发手续。

再次拿到社团法人登记证书的那一刻，许文盛长长地嘘了一口气，心中的一块巨石落了地。许文盛感慨说道："贷款互助合作社 1.6 亿元贷款权益总算保住了，8 年的探索实践成果总算保住了。"

许文盛心里十分清楚，这次登记证的期限只是 8 个月。8 个月后，如果仍未等来国家批文，仍要面临身份被"悬空"的问题。

许文盛认为，金融行业，最大的风险是政策风险。任何一个金融组织，法律身份一旦出现问题，很有可能酿成巨大风险。

"2013 年，是我社极其艰难且极不平静的一年，也是创业以来事情最多、压力最大的一年。贷款互助合作社为注册换证的事情，经历了如履薄冰的艰难岁月，每一步都走得小心翼翼，唯恐一步不慎，坠入万丈深渊。"许文盛表情凝重地说，"7 年的试验探索来之不易，广大农民组织起来的成果来之不易，贷款互助合作社在濮阳社会主义新农村建设中和扶贫攻坚中所发挥的作用有目共睹。如果因为鱼目混珠的金融乱象，导致贷款互助合作社不能够继续注册，将会导致中国社科院小额信贷试验基地在濮阳的流产，将会给濮阳千万个农民家庭带来灾难。作为濮阳市农村贷款互助合作社的创始人，如果发生这样的结果，简直不敢想象其严重的后果。"

第四节　度尽劫波，可见光明

2013 年 11 月 3 日，国内 7 家媒体的记者联合对濮阳市农村贷款互助合作社进行采访。他们希望通过对互助金融模式进行全方位的报道，引起社会各界和高层政策制定者对"先行先试者"探索精神的关注，营造一种鼓励探索、鼓励首创的舆论氛围。

来访的媒体有《华夏时报》《每日经济新闻》《经济观察报》《第一财经日报》《中国经营报》《中国经济时报》《21 世纪经济报道》。采访团相继采访了许文盛理事长、吴少杰副社长、王道轩副社长，并走访了市社营业室、城关分社、柳屯分社和许屯村互助中心。

此后不久，这些媒体相继发表了采访贷款互助合作社的报道文章，对贷款互助社 7 年来的探索成果给予肯定，对贷款互助合作社未来的身份转换和发展前途给予关注。

其实，在此之前，贷款互助合作社还接受了央视网《华人频道》的采访。《华人频道》的采编人员于 2013 年 9 月中旬来到濮阳，录制了反映贷款互助合作社 7 年创业历程的电视专题节目《龙乡濮阳　互助金融》。这个专题节目制作得非常好，解说词非常到位，节目向全球播出后在华人世界反响强烈。

在此，将《华人频道》专题节目的文字内容摘录如下：

农民贷款难、群众组织化程度低，是长期制约我国社会主义新农村建设的主要"瓶颈"，破解这两个难题，对加速我国农业现代化及社会主义新农村建设作用重大、意义深远。

在中国著名的龙乡——河南省濮阳市，由中国社科院农村发展研究所和当地政府会商批准成立的濮阳市农村贷款互助合作社，采取"村互助组织+小额信贷专业团队服务"的新型互助金融模式，为解决以上历史难题提供了具有现实意义的有益探索。

濮阳市农村贷款互助合作社自 2006 年成立以来，在国家创新农村金融服务政策的指引下，以调动农民内生力量为着力点，坚持"补充现有银行不足，抵制高利贷"的市场定位，普及金融知识，培育社区型互助组织——村银行，根据农民实际需求，为广大农民特别是贫困弱势家庭自主发展增收致富提供贷款支持，并依托组织网络开展团购团销和生产、文化科技等合作活动，其社会影响越来越广，成为农村新型互助金融行业里的一个典型代表。

该模式的创始人名叫许文盛，出身农家，有着多年农村基层金融工作经验。

互助金融　可以燎原

作为国内首家农民贷款互助组织，贷款互助合作社是在农村资金持续外流的大环境下，以解决弱势群体贷款难问题为出发点，围绕重新构建群众合作组织、恢复信用秩序展开的。通过持续深入的宣传发动，认同互助合作理念的农户自愿认购股金入社，以股金确立股东地位，入社群众不仅贷款不必再求人，而且有权享受互助合作社提供的团购团销、文化科技等服务。经历 6 年时间的试验探索与发展，贷款社已初具规模。至 2012 年 8 月底，建成 606 个村银行，吸纳社员 1.31 万户，互助资金和贷款规模分别达到了 1.5 亿元和 1.4 亿元人民币，成立至今累计发放贷款 6.2 亿元，小额信贷服务惠及纵跨两县两区地域内的 7018 户中低收入家庭和小微企业主。

贷款合作社按照"民办、民管、民受益"的原则，制定出了严密的章程，按照"总社+分社+互助中心"的多层资金互助模式运行。现下辖 7 个分社，每个分社负责对 20 公里半径区域内的村互助中心服务和管理。各分社按照业务量配备专业人员，划片包干经常性深入各村互助中心开展流动服务。村中心利用村落的熟人社会网络资源，发挥社区内农户彼此信息畅通的优势，评估新社员入社，担当贷前客户筛选、项目审查以及贷后监督职责。这种分工合作，既方便了社员，充分发挥了互助合作、抱团发展的作用，营造了诚实守信的氛围，又有效控制了贷款风险，保证了贷款社资金规范有序运转。

八年风雨路　创新特色艳

贷款互助合作社把小额信贷管理技术与群众组织工作相结合，实现了邻里之间、村落之间、城乡之间的资金互助，探索出解决弱势群体、小微企业主贷款难问题的新途径。这一实践，得到了省市党委政府、国务院发展研究中心、人民银行、银监会、中国社科院、中华全国供销总社、国家计生委、中国人民大学等部门的关注与支持，为国家调整农村金融政策提供了重要参考案例。2010 年 5 月 13 日，国务院九部委新型农村信用合作组织调研组在中国人民银行郑州支行听取了该社汇报，肯定了其试验成果。2011 年世界银行公民社会基金资助了该社的社区金融教育培训项目。

2010 年，濮阳市农村贷款互助合作社应邀出席了在日内瓦召开的第三届微型金融投资高峰会，接待了孟加拉 PKSF 农村就业批发基金考察团。国内来自内蒙古、河北、山西、湖南、安徽、宁夏、重庆、辽宁、山东等地有关部门和合作社爱好者纷纷前来观摩，参照贷款社模式进行了复制传播。许文盛结合形势需要，发出了"打造媲美孟加拉乡村银行的中国小额信贷模式"、创建"中国农民互助银行"的呼吁。

…………

新闻媒体的报道宣传，提升了贷款互助合作社在全国的影响及在海外的影响，让许文盛在忧虑之中对自己追求的事业坚定了信心。

此前，许文盛曾经尝试将贷款互助合作社转为村镇银行、资金互助社，但是银监分局并不接受他们申办资金互助社的申请。为在濮阳市发起成立"村镇银行"，贷款互助合作社多年来先后与包括汇丰银行、花旗银行在内的 18 个国内外商业银行协调会商，但均因濮阳经济总量不大、银行要求完全控股等原因，最终导致许文盛成立"村镇银行"的计划不得不搁浅。

许文盛说："如果合作被商业银行控股，商业银行的趋利性就会暴露出来，就会把大量从农村农民手中吸储来的钱流向城市和企业，那'村镇银行'就成了农村资金的'抽水机'，就会让最需要资金扶持的农村越来越贫瘠，那就失去了当初成立贷款互助社的理想，背离了中国社科院在濮阳设立小额信贷扶贫试验基地的探索初衷。如果不能为农民、农村、农业服务，那名义上成立这样的'村镇银行'又有何用？这样丧失初心的合作，丧失探索价值和意义的银行，索性就不用成立了。如果要成立'村镇银行'，那就一定成立一家能为广大农民服务的真正的'村镇银行'。"

2013 年 9 月初，许文盛曾向中国人民银行发出了《关于国内首家农民互助贷款组织发展前景问题的请示》。在请示中，许文盛详细讲述了濮阳市农村贷款互助合作社的发展情况以及其身份问题，希望中国人民银行能对"由民资创建的试验机构如何发展、可否转制'农民互助银行'做出批复"。

2013 年 9 月 16 日，中国人民银行行长周小川在《求是》杂志发表署名文章，明确提出，支持民间资本发起成立民营银行。周小川还在文中表示，要引导民营银行"立足小微金融的市场定位"。

这或许是国家对未来民营银行的定位之一。这样的定位，让许文盛满怀期望。

许文盛有一个宏大的目标，那就是带领濮阳市农村贷款互助合作社在未来创建一家可以和孟加拉乡村银行媲美的中国农民互助银行。要实现这个目标，首先要进入体制内，成为"合法"的金融机构。贷款互助合作社距离这个目标似乎还很远，有很多困难需要他和他的贷款互助社去突破。

许文盛执着地认为，前进的路虽曲折，但还是充满希望的。

许文盛急需突破的是，如何尽快在 8 个月的过渡期结束后，按照濮阳市政府和工作组的意见，让自己的法人身份从民政局过渡到工商局，以企业的身份在濮阳市工商局登记注册，贷款互助合作社由社团法人转换为企业，在工商局再次取得合法的身份。

许文盛说，贷款互助合作社作为小额信贷试验基地，开展的是准金融业务。在注册之初，市政府参照外地经验，协调在民政部门登记注册，业务主管单位是濮阳市供销合作社。事实上，民政局和供销合作社都没有金融监管技能，根本无法进行业务监管。

贷款互助合作社多次请求市银监局进行监管，但市银监局认为"贷款互助合作社不属于银监会批准的银行业机构"。贷款互助合作社的金融机构身份悬而未决，成为注册难以顺利进行、换证转制困难重重等问题的根源。

为了解决贷款互助合作社换证的问题，2013 年 3 月 8 日，濮阳市工商局向中国人民银行办公厅等部门发函，请示贷款互助合作社的经济性质和工商登记事宜。此后，人民银行条法司、货币政策司、金融稳定局等司局密集地对濮阳农村贷款互助合作社进行了多次调研。

2014 年 3 月 19 日，由中国人民银行条法司司长穆怀朋带队的四部委联合调研组（中国人民银行、中国银监会、国务院扶贫办、中国社科院）莅临濮阳，就濮阳市农村贷款互助合作社换证与发展问题召开专题座谈会。

濮阳市政府、金融办、人民银行、银监分局、民政局、供销社、扶贫办等地方单位的领导分别就濮阳市农村贷款互助合作社的发展提出了看法和意见。许文盛向与会的国家、省、市金融主管领导汇报了濮阳市农村贷款互助合作社 8 年来的发展，并就贷款互助合作社换证、转制存在的困难以及发展前景等问题做了说明。与会的领导、专家对濮阳市农村贷款互助合作社 8 年来所取得的试验成果给予了中肯的评价。穆怀朋司长现场表示，将把小额信贷扶贫科研试验基地的情况向上级汇报。

2014 年年底前，中国小额信贷联盟年会上，许文盛从杜晓山书记处获知，四部委联合调研后，国务院对中国社科院小额信贷扶贫科研试验基地有关问题做出了部署。

"试验基地死不掉了！可以继续试验了！"北京站广场上，许文盛第一时间把好消息分享给他的战友们，号啕大哭，哽咽着语不成声。

2015 年 7 月 23 日，中国人民银行办公厅以（银办函〔2015〕371 号）《中国人民银行办公厅关于社科院小额信贷扶贫科研试验基地有关事项的函》致函河北、河南、四川、陕西四省人民政府办公厅，根据中国人民银行联合中国银行业监督管理委员会、国务院扶贫开发领导小组办公室、中国社会科学院的实地调研报告和国务院批示意见，尽快结束社科院小额信贷扶贫科研试点，理顺监管关系，将河南省濮阳市农村贷款互助合作社与中国社会科学院脱钩，转制成当地登记的企业，由濮阳市人民政府负责监管。在国家出台有关农村小额贷款组织方面的法律和政策前，给予其一定的过渡期，借鉴中和农信项目管理有限公司的模式，继续开展小额信贷扶贫业务。明确要求当地政府要尽快出台监督指导意见，按照"小额扶贫、不吸收公众存款"的原则整顿并规范发展。

2015 年 9 月 21 日，濮阳市委常委、常务副市长李刚主持召开会议，专题研究"濮阳市农村贷款互助合作社问题"。会议明确：濮阳市农村贷款互助合作社转制成企业，由工商部门注册登记；由市政府金融办行使政府职能，对濮阳市农村贷款互助合作社实行监管，市人行、市银监局配合做好监管工作。会后，印发了〔2015〕35 号濮阳市人民政府市长办公会议纪要。

2016 年 2 月 5 日，濮阳市人民政府办公室印发了《关于印发濮阳市农村贷款互助合作社监督管理指导意见的通知》（濮政办〔2016〕9 号），对贷款互助社的整改、经营管理、企业治理、监督检查等事项作出规定。要求贷款互助合作社依据审计结果，确定合伙人、出资额，签订合伙协议，重新成立濮阳市农村贷款互助合作社（普通合伙），并向工商行政管理部门申请营业登记，各分社依法转制为濮阳市农村贷款互助合作社参股的有限合伙企业。

2016 年 3 月 11 日，市工商局按照市政府相关文件精神，依法核准了贷款互助合作社继续沿用"濮阳市农村贷款互助合作社"作为企业名称，登记注册进入手续办理阶段。

2016 年 3 月 31 日，濮阳市农村贷款互助合作社总社率先在市工商行政管理局完成了转制企业的注册登记手续。

濮阳市工商局核准贷款互助合作社的经营范围是：利用自有资金办理各项小额贷款扶贫业务（不得变相吸收存款和非法集资）；为农民、小微企业创业提供管理咨询服务；引导农民开展生产合作活动；商品购销中介代理服务；批零：农产品，农机农资，日用百货，汽车家电，预包装食品；网络购销服务；文化推广与会展服务；企业营销策划，广告设计、制作、发布；农场运营，农作物种植，农机农技推广服务。

2016 年 6 月 3 日，濮阳市政府金融办就贷款互助合作社各分社在工商注册中遇到的问题致函市工商局，明确"在各分社改制申请工商营业登记时，同意按照《合伙企业法》注册为普通合伙制企业。各分社合伙人控制在目前现有人数之内，不得突破"。

在濮阳市政府金融办的协调之下，贷款互助合作社各分社在工商局申请改制的注册登记工作开始顺利进行。为了加快推进改制工作的注册登记，贷款互助合作社抽调人员组成了注册工作组，帮助各分社推进注册登记工作。

2016 年 7 月 22 日，濮阳市高新区农村贷款互助合作社完成工商转制注册。

2016 年 8 月 31 日，濮阳县文留农村贷款互助合作社完成工商转制注册。

2016 年 10 月，濮阳县庆祖农村贷款互助合作社、濮阳县八公桥农村贷款互助合作社、濮阳市华龙区农村贷款互助合作社完成工商转制注册。

2016 年 11 月，清丰县农村贷款互助合作社、清丰县马庄桥农村贷款互助合作社完成工商注册办证。

2017 年 4 月 6 日，濮阳市农村贷款互助合作社及其分支机构向濮阳市民政局申请注销其社团法人的登记手续；4 月 10 日，濮阳市民政局正式注销了濮阳市农村贷款互助合作社及分支机构的社团法人登记资格。

2017 年 5 月 8 日，贷款互助合作社华龙区分社变更注册地址并迁址办公。

2018 年 11 月，贷款互助合作社高新区分社变更注册地址并迁址办公。至此，贷款互助合作社分布在濮阳市城乡的 9 家分社在工商局的企业转制注册工作彻底完成。

此次从民政局到工商局的注册，前后历经 6 年，最终注册成功。这是濮阳市农村贷款互助合作社 10 余年发展历程中的重要转折，标志着濮阳市农村贷款互助合作社已经成功完成了中国社科院小额信贷试验基地的试验工作。

从此，濮阳市农村贷款互助合作社（普通合伙）继续以"濮阳市农村贷款互助合作社"之名，以崭新的金融合伙企业的组织形式，在濮阳市农村探索金融扶贫和乡村建设之路，服务濮阳市广大农村的千家万户的农民；以搞活农村金融、支持农民增产增收为目标，助力濮阳的社会主义新农村建设。

回顾工商换证转制的经历，许文盛在 2017 年年初的工作会议上对全体员工说：落实国务院批复精神，中国人民银行专函部署贷款互助社转制，省市政府部署转制企业注册，为贷款互助社二次创业赋予了独特的政策环境。4 年来，为了生存，我们不得不大量压缩贷款；为了降低成本，我们不得不清退了大批投资股社员，以致众多社区互助中心名存实亡、群众基础不稳。今天重拾发展，我们的资产规模虽然萎缩过半，但仍有 1.5 亿元。当前，重建社区组织基础，是迫在眉睫亟待解决的问题。培养合格职工，凝聚团队力量，社区中心实体化，力促利益共同体有效化，应该成为我们团队统一思想后的共同行动。

许文盛还在会上提出了贷款互助合作社未来工作的指导思想和总任务，认真贯彻落实党的普惠金融和发展新型农村合作金融、农村综合改革的政策法规，以市政府监管指导意见为指导，以社区互助中心实体化为重点，优化资产和业务结构，注重质量，讲求实效，稳中求进，为濮阳的新农村建设、脱贫攻坚和乡村振兴做出贡献。

第六章
锤炼队伍，走向胜利和成功

一个人要进步，就需要不断学习；一个单位要发展，就需要它的团队不断去学习。唯有不断学习，才能获得源源不断的前进动力，才能进一步发展和提升，才能走过曲折和泥泞，才能战胜挫折和失败，走向成功和光明，并从一个胜利走向另一个胜利。许文盛和他所带领的贷款互助合作社，多年以来，始终把通过学习提升思想、锤炼队伍，看作十分重要的事情。即使在最困难的时期，许文盛也没有忘记带领全体员工加强学习。

第一节　取人之长，补己之短

2014 年 5 月，正是贷款互助合作社在民政局的注册到期的时候，互助合作社又到了前途迷茫、身份待定的时刻。此时，内心坚定的许文盛和贷款互助合作社的骨干们，一边找有关部门解决注册的事情，一边组织全社的中层和员工向全国小额贷款的先进人物学习，取人之长，补己之短。

从 5 月开始，总社安排 3 个月的时间，在全社范围内开展

"走完最后一米，进入家庭见群众"教育活动。开展这项活动的目的就是引导大家将贷款互助社的拓展工作推向深入，对全社员工进行一次社区拓展技能再培训、再教育，从思想上摒弃"拓而不展"的意识，积极引导员工走进基层、走进百姓家庭，真正与农民打成一片。

这里讲一下他们学习两堂课的情况。第一课，学习海南大学生小贷技术员用实际行动服务海南农村、真心助农增收致富的事迹；第二课，学习"扫街地图"与一碗"牛肉汤"——两家城商行服务小微企业的实践经验。

通过两堂课的学习，他们得到了六大启示：

一是"怕吃苦，图享受"，不要做小额信贷。二是"一身正气，两袖清风"，才能走进百姓的内心。三是半小时招来200多个村民，现在我社谁能做到？四是扫街地图与我们的社区图表法不谋而合，我们坚持了多久？五是以我们自己的调查能力，我们能算出一碗牛肉汤的成本吗？六是商业银行在做的事情，我们做到了吗？转制银行，我们称职吗？

在学习的过程中，大家热情高涨，信心倍增。他们每个人都写下了自己的学习心得，表达了他们学习中的点点滴滴的感悟和收获，至今读来依然令人心动。

杜雪峰

通过昨天的学习，我深深地感觉到，只有真正走进群众家庭，才能拉近与群众的距离，做群众的贴心人，为群众办实事，心系群众所想，与群众同呼吸共患难。党的十八大报告强调：为人民服务是党的根本宗旨，以人为本、执政为民是检验党一切执政活动的最高标准。

当前，第二批教育实践活动正在群众家门口如火如荼地开展，我们的党员干部要时刻摆正自己和人民群众的位置，真正做到思想上尊重群众、工作上依靠群众、感情上贴近群众，聚焦解决群众反映强烈的突出问题，真正以优良党风凝聚党心民心、带动政风民风，以作风建设的新成效汇聚起推动改革发展的正能量。

拉近与群众的"最后一米"距离，就是要零距离接触，才能真正深入群众办实事解民忧，才能真正走进群众心里。要摸清群众思想脉搏，了解基层真实情况，仅靠走近群众还不够，还必须与群众心贴心。我认为，领导干部要经常从办公室走出去，真正"身入""心入"基层，才能真正走近群众，掌握真实情况。

拉近与群众的"最后一米"距离，就是要零距离交流，了解群众所思所想所忧，才能真正走进群众心里。基层是最大的课堂，群众是最好的老师。唯有摆正姿态，一心一意沉下去，敞开心扉，面对面了解群众困难，全心全意帮助群众，真心实意传帮带，想方设法解忧难，才能与群众建立起深厚的感情。

拉近与群众的"最后一米"距离，就是要零距离关心，真正把群众难题记到心中、落实到行动中，才能真正走进群众心里。领导干部下基层，最终目的是为群众解决实际问题，要实实在在为群众送温暖。力求在零距离的接触中改进文风会风，在面对面的交流中改进工作方法，在出实招、解难题的过程中明确工作思路。杜绝活动一阵风、说话假大空、行动无影踪的假动作，真正把群众难题记到心中、落实到行动中，把问题解决到根子上，把温暖送到群众心坎上。

孙路鲁

通过学习海南小额信贷技术员的故事，体会到做小额信贷，这不仅是一个饭碗，更是一份事业。要想把这份事业做好，必须向纪新丹学习，学习她那种不怕吃苦不怕坎坷的精神，要融入群众家庭中去，和农民走到一起，把群众的困难当成自己的困难，把群众的事当成自己的事来解决。

帮助群众的一时之难，或许能带给一个家庭美好的生活，最终帮助农民摆脱贫困。当你在群众口中有很好的口碑的时候，组织群众将不会再是一件难事，因为农民是最讲信用的，你帮助他一点，他必定会百倍感激。

在工作方法上，我社不能再坐等客户，要讲究工作方法。比如，扫街地图，通过挨家挨户不停扫街，让更多的群众知道我们、了解我们，我们也能更多地了解每家每户的经营情况，自身实力，然后贷款放出去，我们就多一份把握。

把小额信贷这份事业做好，将会实现农民不再贫困的目标，所以我们没理由不坚持做好我们这份事业。

孙美玉

通过学习"走完最后一米，走进群众家庭"教育活动，我深刻认识到，他们在为农民发放贷款过程中，做到了"不喝客户一口水，不抽客户一支烟，不拿客户一分钱"。

他们从大学校园走出来，走出繁华城市，甘心走向乡村小道，义无反顾加入了小额信贷技术员队伍，在为海南琼岛600万农民服务中，实现着他们的人生价值。

联系我社实际情况，建社八年来，我们从开始8个人到现在80多个人，从一个很弱小的团队建成一个现有贷款1.3亿元的队伍，我们为"三农"服务，为工商户做贷款，我们走到田间地头，走进蔬菜大棚。

我们有一个很"干净"的名字，但是我们的团队还存在着一些不足。比如，我们扫街战术不够，到村给农民讲解我们的理念和模式不深刻。我们要学习他们"走千山万水，访千家万户，道千言万语，理千头万绪，吃千辛万苦"的服务精神。

我社全体员工整体素质需要不断提高，进一步和农民拉近距离，用实际行动服务"三农"，走完最后一米，紧密联系群众，热诚为农民服务，为互助社的发展共同绘就最美蓝图。

郭志敏

通过学习，我们知道，小额信贷，精在为民，干在实处。

我们年轻人，靠着对理想的坚持，将小额信贷服务送到群众家中，为农民排忧解难，雪中送炭。我们在工作中做到不喝群众一口水，不抽群众一根烟，不拿群众一分钱，实现自我人生价值，争做一身正气、两袖清风的员工。

我们在做宣传工作时，不怕路远，挨家挨户，串大街小巷，不急不躁，耐心讲解，讲解贷款互助合作社互助思想、互助金融的模式，使群众了解我们，真正地为群众做实事。

我社信贷员一直坚持社区图表法，每次到客户门市上，会先了解他们的投资、经营期限、利润、库存、销售、商户贷款意向、房租每年多少钱、淡旺季经营状况、需求贷款都去哪里找贷款，做到对商户的全面了解。

做一名称职信贷员工，必须要有正确的人生观、价值观。要通过刻苦学习，勤奋工作，不断提升自我价值，创造和实现人生的价值。

我们的价值体现在企业的发展。我们只有尽我们最大的能力，才能实现我们的人生价值。

舒孟静

2014 年 5 月 17 日，城关分社全体员工齐聚一堂，在营业室里学习"走完最后一米，走进群众家庭"教育活动。通过学习，我知道了在海南有一群"小鹅"，他们是海南农信社小额信贷技术员，"小鹅"是当地农民对他们的爱称。他们在为农民发放贷款过程中"不喝客户一口水，不抽客户一支烟，不拿客户一分钱"。

他们的队伍规模从最初的 6 个人，现在已发展到 541 人。我们可以想一想，在这个过程中他们的付出是我们无法想象的。在这里工作的年轻人，没有留恋城市的繁华，心甘情愿地扎根在农村，为最基层的农民服务。

还有花季少女阿连，她也是一名小额信贷技术员，二十出头，多么迷人的年龄啊，为了自己的小额信贷事业，失去了自己的双腿。但是，她无怨无悔，硬是挂着双拐继续工作着、前进着。

是啊，回到我们的工作，我们和他们一样，从事着小额贷款，也在为农民服务，看到这样的事迹，我们是不是也该反思一下，向那些"小鹅"学习，向阿连学习呢？

他们的精神是那么可贵，为了农民群众不惜一切，舍身忘我地工作着。再看看我们呢，和他们相比我们差得多了。今后，我们自己要有自己的梦想，工作不仅需要一种责任，我们还要把它当作一份高尚的事业来做。

吴静静

走完最后一米，走进群众家庭中去，小额信贷就是要不怕吃苦，坚持自己的信念，要把工作当成实现我们人生理想的事业来做。

走完最后一米，走进群众家庭中去，这是我们每个信贷员都应该做到的。不深入农村，不走进家庭，怎么能了解真实的情况，别人又怎么能了解我们、知道我们，从而信任我们？只有我们不断回访，通过唠家常的形式，让我们真正地融入社区、融入基层，我们的根基才能越来越稳。

走完最后一米，走进群众家庭中去，对每一个需要贷款的客户，做到充分了解，对客户的还款能力做出分析，从而筛选出我们的客户群体。

对于贷款客户的维护，我更要做到"四必访，四必到"，即出现拖欠的必访，情绪低落的必访，家庭出现矛盾的必访，经营遇到困难的必访；临时出现与市场（经营地点）发生争论的必到，家里出现大的灾难的必到，夫妻之间闹离异的必到，经营干不下去的必到。

在工作中，我们只有尽我们最大努力去做，才能实现我们的人生价值。

…………

第二节　陶冶情操，凝聚精神

一

伟大的事业，呼唤伟大的精神；伟大的精神，推动伟大的事业。

从 2006 年到 2021 年，15 年的发展历程，濮阳市农村贷款互助合作社，在濮阳取得了农村金融改革和探索的丰硕成果。

2016 年，贷款互助合作社改制后，在工作中不断加强与外界的交流学习，从中总结经验，提升自己。

许文盛与中国小额信贷联盟秘书长白澄宇因为农村小额金融的探索事业而相识，白澄宇对中国农村小额金融有独到的见解，许文盛对白澄宇秘书长非常尊敬。2016 年第 11 期《中国征信》杂志刊载了一篇名为《白澄宇谈小额信贷事业的魅力》的文章。许文盛读后，感觉白先生对小额贷款的解读非常到位，是一篇具有指导意义的文章。许文盛觉得阅读此文，必定能够提振从事小额贷款事业者的信心。于是，他立即将这篇文章推荐给贷款互助合作社的全体员工学习，并指示将这篇文章转发到贷款互助合作社的网站上，供更多的人了解学习：

在我这二十多年的经历中，遇到很多做小额信贷的同行和朋友，我们这群人有一个共性：都对小额信贷着了迷，一旦进入这个领域，就再也无法罢手。这些人之所以孜孜以求地做小额信贷，我想是因为它有着以下难以抵御的魅力：

第一，是社会责任。我们因为社会发展做出贡献而有成就感和自豪感。大家知道，对小额信贷需求最迫切的是老少边穷地区，那里百姓的生活状况与发达地区差距极大，但是他们善良、勤劳，和我们一样有着中国梦，从未放弃过对美好生活的追求。他们最需要的就是在资金上帮一把，或者是帮助他们渡过难关，或者是帮助他们开创一种新的经营项目，从此走上小康之路。一个个鲜活的人物，一个个在小额信贷帮助下脱贫致富的鼓舞人心的故事，都让我们感觉到做小额信贷的崇高的社会责任，既然已经开始，这件事就必须做下去！

第二，这是一项充满挑战性的事业，充满创新的机会。在中国，发展普惠金融所需的宏观、中观和微观层次的环境尚不完备，这就决定了做小额信贷绝不是一件轻而易举的事情，充满挑战。中国幅员辽阔，各地发展情况千差万别，文化、传统丰富多样，在这样的背景下做小额信贷无固定的模式可套，需要根据各个县、各个村的具体情况，不断地对小额信贷产品和服务进行调整、改进和创新。在我们眼里，这些正是小额信贷事业的迷人之处。同行见面，总有许多新经验、新思路可以分享，大家乐此不疲。

第三，小额信贷有着巨大的市场需求和商业机会，可以实现经济效益和社会效益的协同发展。既然是金融，就必须要求商业上的可持续性，否则普惠金融也只是美好愿望。

中国是世界上人口最多的发展中国家，拥有最大的小额信贷需求市场，这决定了在中国发展小额信贷事业大有可为。事业发展了，个人也会有更大的前途。我们希望在这片广阔的天地下，倾力推动小额信贷事业向前发展，使其成为真正惠及普罗大众的普惠金融。

二

2017年4月29日至30日，贷款互助合作社的40多名员工，来到河南栾川老君山，领悟学习老子博大精深的哲理和道行天下的法则。栾川老君山坐落在洛阳市栾川县南部，是伏牛山三大主峰之一，原名景室山。相传道家创始人老子曾在此山归隐修炼，故而得名老君山。北魏时建老君庙。唐宋以来，这里一直被尊为道教圣地。

老君山气势雄浑，驻足峰巅，放眼四顾，可西瞻秦阙，南望楚地，北眺龙门，东瞰少林。历代文人对老君山推崇备至，明代诗人谢榛赞叹老君山之美"兼泰山之雄伟、华山之险峻、庐山之朦胧"。

大家参观了老君山的老子文化苑。学习了"道行天下、德润古今、天人合一、尊道贵德"的理念。

问道老君山，让大家深受启发。归途之中，大家进行了学习讨论会。

大家围绕"重拾团队信仰——让穷人也能方便贷款，培育老百姓自己的社区互助银行"的主题进行讨论。认为在工作中，应该坚持"统一思想和行动，全员到社区中去，扎实培育社区组织，以唤醒社区内应力为基础，促进贷款互助合作社各项业务规范有序健康发展"的工作方法。

大家还谈到了要向开发老君山旅游的一帮人学习，学习人家十年来团结一致、不畏困难、披荆斩棘的精神，在贷款互助合作社转制企业后的发展过程中，创造更加辉煌的成绩。

三

2017年5月6日，贷款互助合作社又组织30多名员工，前去太行山领悟太行人民开凿人工天河红旗渠的奋斗精神。

在参观学习过程中，面对太行山人民不畏艰险和困难开凿"人工天河——红旗渠"的奋斗精神，大家感慨万千，心生景仰。

20世纪60年代，河南林县人民为了改变千百年来缺水的困境，坚信苦熬不如苦干，立誓重新安排林县河山，当时经受了最困难时期的考验，在环境极其恶劣、条件十分欠缺的情况下，凭借一锤一钎一双手，跨经两省，削平山头 1250 座，凿通隧洞 211 个，在沟壑纵横、悬崖绝壁叠出的太行山上修成了人工天河。

面对如此巨大的困难，林县人民敢与天斗，与地斗，敢教日月换新天，创造性地发挥了自身的智慧，创造了人间奇迹，孕育了"自力更生，艰苦创业，团结协作，无私奉献"的红旗渠精神。

归途车上，大家形成共识，全体股东和经理人，务必牢记责任和使命，学习林县红旗渠精神，践行"善行助贷"理念，从传播互助金融模式、培育老百姓创办自己的"互助银行"出发，深入乡村社区，扎实宣传，培训群众，与广大农民共同经营，共同发展。

第三节　温州考察，倍增信心

2019 年 5 月 28 日至 30 日，许文盛与濮阳市供销社的领导一起，赴温州参加了供销总社主办的"三位一体"创建路径与实践模式经验交流，实地考察了温州、台州、丽水等地的试验。

瑞安作为"三位一体"农村合作经济体系建设的发祥地，2006 年 3 月成立了全国第一家"综合农协"（瑞安"农村合作协会"），率先开展了生产、供销、信用"三位一体"综合合作试点。

温州把推进"三位一体"建设作为新农村建设和现代农业发展的一项重要任务，以农民为中心，践行并创新"农有、农治、农享"理念，积极推进多项首创性改革举措，打造出"三位一体"发展的样本。

在温州的参观学习中，许文盛将濮阳市农村贷款互助合作社的发展模式，与"三位一体"实践模式进行对比，感受很深。

许文盛还认识到，当前，供销社系统根据总社统一安排，各省要将村级基层社建设作为实施基层组织建设工程和农业社会化服务惠农工程的重点任务推进落实，广泛参与农民生活圈、服务圈、商业圈建设，推动形成长效的联农带农机制，不断提高经营服务的实效性和精准度。对于贷款互助合作社来说，这是良好的发展机遇。

许文盛通过微信发表了学习体会：

温州数天学习和考察观摩"三位一体"农合联，更加坚定了我们打造"贷款互助社+社区互助中心"双层经营管理体系与农民联合办社、探索最实用的"四位一体"模式的决心。

合伙制互助中心必须是贷款互助合作社恢复发展的总抓手。它是对孟加拉乡村银行"中心会议"的实体化改造，响应了接受互助金融思想熏陶的农民或小微企业组织起来抱团发展的呼声，体现了贷款互助社"为民谋利，与民共富，重建老百姓自己的集体经济组织"、破解"合作社不合作，联合社不联合"问题的决心。特点体现在以下方面：

其一，它是互助合伙的，是热心破解"三农"问题的同人与率先觉悟的村庄居民的联合，邻聚中心是村邻们学习与活动的场所。

其二，它是农民的，它的发起人和社员以及服务对象绝大多数是农民或涉农小企业，主体是农民。

其三，它是获批的合法金融试验组织，是小额信贷扶贫科研试验基地转制而来的，其探索符合中央发展农民集体经济组织的方向，取得了中国人民银行等四部委和省市政府的批复支持。

其四，它是合规的，长期坚持社区性和封闭性的运营监管，支持对象不贪大不求洋，片区内部群众是受益群体和风险承担者，经营风险不外延，无须他人买单。

其五，它不是单一的金融服务，对应村民需求提供"文化科技、信用、供销、生产"四位一体的综合服务，为单打独斗的农户或村或乡提供一揽子的乡村建设方案。

其六，村社内外力量联合之下，贷款互助合作社与互助中心实行"统分结合"管理，实质是类似农合联的农民集体经济组织联合体，本质仍然是合作的，而且是更广泛的合作。

其七，因村邻们抱团产生的雪球效应，贷款互助合作社必将把越来越多的农民联合起来共谋富裕。

2019年6月18日，从温州参观学习归来的许文盛，在总社召集所有管理人员举行了以"回归初心组织起来"为主题的温州经验分享会。

　　许文盛在会上与大家分享了温州考察学习的情况和感悟。他认为通过此次考察学习，增强了贷款互助合作社的文化自信和模式自信。他满怀信心地说："对比温州瑞安的'三位一体'农协试验，更加坚定了我们打造'贷款互助社+社区互助中心'双层经营管理体系与农民联合办社、探索最实用的'四位一体'中国乡建模式的决心。"

　　许文盛说："通过实地考察农合联在温州、台州、丽水等地的试验，我认为我们贷款互助合作社找到了三个自信：一是政治自信。贷款互助合作社把农民组织联合办社的目标方法，与党和国家组织群众建设社会主义新农村的路线方针是一致的。二是文化自信。贷款互助合作社'四位一体'综合服务与温州'三位一体'试验同期开始，不仅自始至今延续实践着，更多了文化科技平台。三是模式自信。在重建村社组织基础之上，'四位一体'再造乡村新秩序，模式科学。小额信贷孵化培育村社共建的互助中心，打造村民、经理人、贷款互助合作社利益共同体，确立社员主体地位，提高社员话语权，引导、教化、唤醒村镇社区内生动力和积极性，方法有效。"

　　许文盛最后总结说："通过温州的学习考察，给我们今后的工作带来几点非常有益的启示：一是我们要抓住乡村振兴良机，下大力气协调基层政府联合开展村社综合服务，补齐政府主导不积极的短板；二是我们要发挥贷款互助合作社获批金融平台的资金和技术优势，抓住供销社综合改革和恢复基层村社的机遇，寻求与基层供销社联合行动，补齐行政部门参与少的短板；三是我们要做实金融教育进社区和三下乡活动，持续村社推广动员，动员民众积极参与村社建设。"

温州之行，让许文盛对自己所追求的小额互助贷款事业更加信心满怀。

第四节　警钟长鸣，防患未然

濮阳市农村贷款互助合作社是个团队，这个团队连接着濮阳市广大的农村，连接着广大农村千家万户的农民，连接着 600 多个农民互助中心将近 1.5 万户广大社员，他们每一个人、每一个家庭的安危，都关系着贷款互助合作社在濮阳的发展。

作为贷款互助合作社的负责人，许文盛为每一位员工、每一户农民担心担忧，唯恐他们被高利贷和黄赌毒所害。为此，他常常在工作中告诫他的员工，不要涉及高利贷、黄赌毒，告诉大家在入户宣传中，要把高利贷、黄赌毒的害处向农民宣传清楚。

2013 年 8 月 26 日，许文盛发表了针对高利贷给社会带来严重危害的文章《谁堪承受高利贷和过度负债的折磨》：

濮阳金三角水果行老板赵留保、张先芝夫妻，曾经是濮阳市最大的水果经销商之一，承接着约半数政府接待单位的水果供应任务，一度牵头筹建东环水果批发市场。然而，为躲避高利贷者逼债，于 2012 年年底前被迫逃亡。半年后，夫妻俩在天津站附近被公安人员抓捕，当时身边并未携带多少现金。夫妻俩为维持生活而仍操旧业，在火车站附近摆摊叫卖水果。公安查证，赵留保案件涉案金额1000余万元，涉及近二十个放款人。千方百计借来的资金，除少量用于经营或弥补亏损外，多数拆东墙补西墙填了高利贷的窟窿。另闻，公安部门是在政府领导做了批示后才立案的，举报赵留保诈骗者多是曾经的高利贷者；赵留保夫妻逃跑之前，曾在濮阳宾馆被高利贷者拘禁数日；逃跑时，恰值女儿和儿媳临产……

2010年年底以来，国内各地频发高利贷崩盘事件。该类事件中，债务人要么倾家荡产，要么跑路躲避追债，更甚者如央视报道的内蒙古首富金利斌自焚自杀；追债者中暴力催债，伤人事件各地频发；最恶劣的当数山东邹平高利贷者，居然殴死了江苏民警。

勤俭持家家声远。金融本属稀缺资源，无视金融风险的全民放贷绝对病态。如果一个资产10万元的家庭，却负债数百万元，等待他的最终结果肯定是灭顶之灾。没有扎实的金融教育培训基础，公民信用不倡，基层政府无为不监管的背景下，担保公司、投资公司、小额贷款公司、典当行、专业合作社资金互助部等影子银行在个别地区范围内泛滥成灾，全民放贷……势必引发大乱，重创区域经济。泗洪、温州、鄂尔多斯、邹平、安阳、灌南、神木等地爆发区域性崩盘，印度等国小额信贷危机、国际金融危机，无限制的高利贷和过度负债，企业主和家庭资金断链引发影子银行资金链断裂，是根本原因！

我专注于农村金融研究与探索实践，2004年起会同中国社会科学院农发所和濮阳市供销社，创办了中国第一个私人投资的小额信贷组织、国内首家农民互助贷款组织——濮阳市农村贷款互助合作社，致力解决弱势群体组织难题基础上破解贷款难、收款难、增收难等社会问题。基于对农民现状的深刻认识，抵制高利贷一直是我们的重要目标之一。

2010 年，日内瓦小额信贷投资高峰会听闻印度发生危机之后，我社一直呼吁国内小额信贷慎防异化、抵制高利贷。然而，人微言轻，非但呼吁难以为高层重视，自身难能并轨金融机构之列，试验取得的知识产权无法获得保护，还不得不杂陈于担保公司、投资公司、小额贷款公司、典当行、专业合作社资金互助部等影子银行之列，目睹国内市场日益混乱，置身于过度负债防不胜防、频发跑路的泥沼。经营管理中，因为央行征信系统拒绝接受影子银行和放贷人信息，苦无全面查证借款人负债情况，过度负债与高利贷防不胜防。

无视金融业以本金博取利息收入的风险，全民放贷，各地国民为何如此疯狂？国内东阳吴英、湘西曾成杰先后因非法集资被判死缓或执行死刑，国外金融危机与印度等国爆发小额信贷危机，难道就不能刺激国民麻木的神经？国内所谓的研究者和政府官员们，是否应该对自己的不作为深刻反省？作为金融实践者，难道我们不应该扪心反问良知：谁把赵留保等企业主推上了过度负债经营和高利贷的泥沼？金融混乱之下，谁堪承受过度负债经营和高利贷折磨？

2009 年以来，我社与赵留保夫妻的金三角水果行长期合作。

作为濮阳市最大的水果批发零售商之一，置即将临产的女儿、儿媳于不顾而远走他乡，背井离乡地摆摊卖水果，重操旧业维持生计，实在匪夷所思。难道赵留保当初举债经营，是为了今日千夫所指做阶下囚？如果允许重新选择的话，我坚信他绝对会绕过过度负债和高利贷的陷阱！

欢迎社会各界关注濮阳赵留保案件，吁请理想科学透明的金融生态，为赵留保等深陷高利贷旋涡而跑路的企业主呼吁公正的结果。

2016 年 12 月，许文盛对贷款互助合作社的广大社员，发布了《许社长告全体社员书：务必远离高利借贷，不要过度负债》和《许社长告全体社员书：远离黄赌毒》。

这两份《告全体社员书》言辞恳切，说理透彻，切中要害，令人警醒。

许社长告全体社员书：务必远离高利借贷，不要过度负债

贷款互助合作社的社员们、各位合作伙伴、朋友们、乡亲们：

春节将至，一年艰辛，挣钱不容易，为您的家庭幸福安全考虑，务请远离黄赌毒和高利贷！

咱们贷款互助合作社就是为了解决穷人贷款难的问题，经过中国社会科学院与濮阳市政府协商合作的小额信贷科研扶贫项目。成立十年来，一直坚持用小额信贷培育老百姓自己的村或者社区银行，互助社的员工坚持在村和社区里流动服务，动员群众

有钱时放到互助社帮助别人，缺钱时就可以方便地获得借款，不用出家门就可以得到存款、取款、借款、还款的服务，比跑银行要方便得多。

互助社的借款利率比在商业银行贷款的实际成本还低，互助社坚持抵制高利借贷，引导了服务区域民间借贷利率的下降。但是，我们发现，有的社员借款以后，没有用到正当的地方，而是拿去归还了高利借贷，甚至是赌债，结果影响了本该正常经营的生产经营。

最近，我也看到其他国家和地区的一些贷款机构，不审查借款用途，一味满足借款人的要求，把动辄超过穷人月收入数倍乃至十倍的贷款往往没有用来做小本生意，而是用于应付各种生活开支，恐怕还有拆东补西、寅吃卯粮的借新债还旧债利息之用，造成了借债危机。有学者研究过印度、南非和孟加拉国 200 多户穷人的家庭开支记录，他们发现，低收入家庭使用金融工具的情况相当频繁，包括存款和贷款，小贷的出现有可能令这种情况加剧。

这是咱们一定要吸取和警惕的教训呀！

借贷，虽可方便开支、缓解急难，但过度举债超出家庭负担则不明智。毕竟，所有借贷都要还的。因此，借贷消费，务请量力而行。

……《白毛女》中的杨白劳因高利贷卖女儿。可见高利贷虽能解燃眉之急，使用不好，却可能把你推向更深的泥沼。高利贷信用，是最古老的信用形态，是通过贷放货币或实物以收取高额利息为目的的一种信用关系。高利贷信用在奴隶社会和封建社会是占主导地位的信用形式，即使在今天仍然存在。高利贷有以下特点：

一是利率高。高利贷的利率一般年利率在 36% 以上，借款 100 元，一年要支出 36 元以上的利息。个别的利率可达 100%~200%。我国历史上高利贷年利一般都达 100%，而且是"利滚利"，即借款 100 元，一年后要还 200 元。如果到期不能归还，第二年要还 400 元，第三年就是 800 元。

…………

二是剥削重。高利贷的利息来源于奴隶和小生产者的剩余劳动及一部分必要劳动。小生产者借用高利贷所支付的利息，是他们直接以自己的剩余劳动或必要劳动产品支付的。奴隶主和封建主借用高利贷所支付的利息，同样是奴隶和小生产者的剩余劳动或必要劳动产品。因为奴隶主和封建主不劳动，他们所支付的利息，归根到底是对奴隶和小生产者的压榨和剥削。由于高利贷利息来源不仅要包括劳动者所创造的全部剩余劳动，还包括一部分必要劳动。这与利息只是剩余价值的一部分的资本主义利息比较，其剥削程度更重。

三是非生产性。前面已经提到，高利贷的借者，无论是统治者还是小生产者，他们借用高利贷主要用于非生产支出。统治者借高利贷主要是为了维持其奢侈的生活，小生产者借高利贷是为了其基本的生活需要。这与资本主义借贷资本的用途以及社会主义信用资金的用途有着明显的区别。

　　高利贷，是一种残酷剥夺借贷者私人财产的手段，在中国的旧社会尤为盛行，最为常见的是所谓"驴打滚"利滚利，即以一月为限过期不还者，利转为本，本利翻转，越滚越大，这是最厉害的复利计算形式。

　　…………

许社长告全体社员书：远离黄赌毒

贷款互助合作社的社员们、各位合作伙伴、朋友们：

　　春节即至，忙碌了一年该歇息几天了，走亲串友联络感情很有必要，但是千万不要涉及黄赌毒。所谓黄赌毒，是指卖淫嫖娼，贩卖或者传播黄色信息、赌博、买卖或吸食毒品的违法犯罪现象。在中国，黄赌毒是法律严令禁止的活动，是政府主要打击的对象。黄赌毒的刑罚从拘留至死刑不等。我们贷款互助合作社是严格禁止有这些恶习的人入社的，也坚决制止社员用借款归还赌债。赌博有许多危害：

　　1. 坏党风。赌博损害党的威信，贻误党的事业，不但会造成经济损失，还容易引发贪污、挪用公款、行贿受贿等各种腐败和违法犯罪现象。

　　2. 失民心。赌博败坏党的形象，赌民不思创业，参赌党员、干部不谋发展，失去先进性，群众会对党失去信心，影响到党的执政地位和国家的前途命运。

　　3. 损健康。赢钱的人乘兴而往，不分昼夜；输钱的人拼命再来，不顾饥寒；不断消耗，疲惫精神。长此以往，控制不住而呈病态赌博，必定会损害健康，甚至自杀、杀人。有的老人赌博时受到刺激，当场死在赌桌上。

4. 生贪欲。赌博助长不劳而获的习气，久而久之会使他们的人生观、价值观发生扭曲。

5. 离骨肉。赌博忘记了勤奋工作；忘记了合家亲情，失去了天伦之乐；只顾自己的豪爽，不顾家人的怨气，甚至造成骨肉分离，妻离子散。

6. 生事变。有的因赌博反目成仇，使用暴力；有的造成企业破产；有的因缺赌资参与偷抢等犯罪活动而银铛入狱。

7. 坏心术。一旦赌博，心中千方百计地想要赢对方的钱财，虽然是至亲至朋对局赌博，也必定暗下戈矛，如同仇敌，只顾自己赢钱，哪管他人破产。

8. 丧品行。在赌场之中，只是问钱少钱多，易产生好逸恶劳、尔虞我诈、投机侥幸等不良的心态。

9. 失家教。赌博最易诱发父子赌，哥弟赌，亲戚赌，没有长幼、尊卑之分，彼此任意嘲笑，随便称呼。

10. 费资财。开始时，气势豪壮，挥金如土，面不改色；到后来输多了因而情急，就把家庭财产甚至集体财产、国家财产作为赌注。

11. 耗时间。大量浪费时间，有的通宵达旦，以至于严重影响学习、工作、生活，玩物而丧志。

12. 毁前程。法律禁止赌博，赌博违反《中华人民共和国刑法》《中华人民共和国治安管理处罚法》《中国共产党纪律处分条例》《中华人民共和国公务员法》和地方性法规。违法会受处罚，也将毁掉前程。

警钟长鸣，不放松普法教育和思想教育，对于贷款互助合作社的工作人员和广大社员来说，在关键时候起到了非常好的警示作用。

第七章
栉风沐雨，砥砺奋斗共成长

这些年来，无论是艰难困苦，还是委屈磨难，许文盛他们都咬着牙，肩并肩前行。他们坚信他们为之奋斗的事业，是一份光明灿烂的事业，是一份十分高尚的事业；是一份能够让贫困群众摆脱贫困走上小康的光荣事业。为了这一切，15 年来大家勇往直前，跟随着他们的领路人许文盛，一路走到了今天，他们收获很多，感悟很多……

第一节　奋斗的人生最精彩最壮丽

季节更迭，贷款互助合作社已经走过了 15 年的创业之路。

这是一条风雨兼程的路，这是一条拼搏奋斗的路，这是一条为追求一份高尚的事业而永葆初心的路。

这些年来，无论是艰难困苦，还是委屈磨难，许文盛他们都咬着牙，肩并肩前行。他们坚信他们为之奋斗的事业，是一份光明灿烂的事业，是一份十分高尚的事业，是一份能够让贫困群众摆脱贫困走上小康的光荣事业。

从助力社会主义新农村建设，到助力乡村脱贫攻坚事业，再到今天助力乡村振兴事业，他们从未落伍，从来是走在时代的前列。有时他们默默无闻地在做着，有时他们甚至在委屈之中坚持着，他们的内心永远有一种信念，那就是初心不忘，服务最广大农村的农民社员，让广大农民因为有了互助金融的帮助而过上更加美好的生活。

为了这一切，15 年来大家勇往直前，跟随着他们的领路人许文盛，一路走到了今天，他们收获很多，感悟很多……

孙美玉大姐原来是当地农村信用社的一名工作人员，2007 年退休后，受许文盛的邀请，加入了濮阳市农村贷款互助合作社。那时，正是贷款互助合作社初创时期，贷款互助合作社缺人脉，缺关系，缺资金，缺信任，一切都是从零开始，一切都需要风里雨里去打拼。

孙美玉回忆说，许社长给我们留下了深刻的印象，他是一个有追求、有信仰、有坚定事业心的人。贷款互助合作社刚进入濮阳县城成立城关分社的时候，我们在一起工作，吃饭用个煤油炉来做。下去走访联络客户，我们都骑个破自行车，夏天顶着烈日，冬天顶着风雪，今天想起来还是能感动自己。

冬天里，风像刀子一样，我们的手、脸都冻得裂了口子，又红又肿又疼；夏天的烈日当头，我们每个人的脸和胳膊，都被太阳晒得脱了几层皮。不管条件多艰苦，我们每一个人都没有怨言，因为许社长就是我们学习的榜样。各种事情他都得操心，还带着我们一起走村串户做工作，他那种与大家同甘共苦干事创业的精神，让我们大家都很感动，觉得跟着这样的人，一定能够干出一番轰轰烈烈的事业。

说实话，我自己内心的工作激情和责任感，是被许社长的工作精神激发出来的。我们当时的工作条件比信用社苦多了，可是干劲儿却大得很。我努力利用过去工作中建立的许多客户关系，为贷款互助合作社拉来了几百万的社员股金，帮助我们贷款互助合作社解决了城关分社前期运营中的资金困难。

孙美玉说："这些年来，许社长带着我们做了一份高尚的事业，以互助金融的方式，扶贫济弱，帮助濮阳千家万户的农民群众摆脱了贫困，走上了富裕的道路，这样的工作有意义有价值，也推动了贷款互助合作社一步步从小到大、从弱到强。"

王艳艳，现在是濮阳市农村贷款互助合作社风控部的主任，负责着全市各社贷款风险的分析研判、防范控制和法务工作；孙路鲁，现在是濮阳市高新区分社的社长，她手下带着一帮精兵强将，业务上都是佼佼者。

她们两个人都是贷款互助合作社创业之初的老员工，是"功勋级的员工"。

2006年前后，她们先后来到贷款互助合作社工作，从最初服务许屯村农民互助中心，到最终一步一步走上部门负责人的岗位，她们经历了风，经历了雨，经历了苦，经历了痛，但她们始终没有放弃，坚定地跟着许文盛，走小额信贷之路，探索互助金融，帮助农民致富，她们也在奋斗中不断成长。

王艳艳说，贷款互助合作社成立之初，无论是办公环境还是工资待遇都很差，困难也很多，连最初的 60 万贷款资金，都是许社长自己筹集的。当初贷款互助合作社的工作人员很少，只有我和孙路鲁等几个人，但我们都被许社长干事创业的精神感动了，每天跟着他深入乡村做群众工作，忙忙碌碌的感觉很充实。

起初社里每月只能给我们开三四百元的工资，比起我们外出打工挣的钱少多了，可是我们感觉到这是一份有意义有前途的工作，每个人都发自内心愿意为这份工作付出心血和汗水。时光匆匆，这一干就是 15 年，算是把青春和热情都献给了贷款互助合作社。今天回想起所走过的路，觉得我们所做的这份小额贷款工作，确实是一项扶贫济弱的高尚事业，比我们单纯外出打工挣多少钱都有意义，都值得为之付出和努力。

"贷款互助合作社是中国社科院在濮阳设立的一个试验基地，是许社长倾注毕生心血追求的一个探索农村金融改革的平台，也是我们年轻人锻炼成长的大舞台。"王艳艳说，"这些年来，这里不仅将上百名的青年培养成了懂管理懂金融的人才，也将成百上千的普通农民，培养教育成了懂金融、懂互助贷款的参与者。每每想到我们所做的这份事业的社会意义和价值，就会庆幸自己的这一生，选择了一条正确的人生之路。我们从内心感谢许社长，感谢他带领我们开创的这份事业。"

孙路鲁今天已经成为贷款互助合作社的中高层管理人员，负责濮阳县高新区农村贷款互助合作社的工作。回想自己所走过的人生之路，她与王艳艳的心路历程有太多的相似之处。她们曾一起奋斗，一起努力，一起走过风和雨，一起见证了贷款互助合作社从弱小到强大的成长历程。

其实，贷款互助合作社的成长之路，也是她个人的成长之路。

孙路鲁说，我比王艳艳来得稍晚些，我们一起跟着许社长打拼。原来我是在外面打工的，一个月能挣到将近 1000 块钱。后来，我父亲看到许社长创立了贷款互助合作社，他凭着对许社长这个人的了解，就认定许社长一定能干一番大事业，就决定不让我再外出打工了，就送我来到贷款互助合作社，让我跟着许社长干。

当初我看到贷款互助社条件那么差，工资待遇那么低，我不理解父亲的决定。父亲告诉我，女孩子总不能一辈子在外打工，要找到一份长远的有前途的工作才对，许社长绝对是一个干事创业的人。父亲让我相信他的眼光，让我下决心在这里跟许社长干下去，于是我就下了决心在贷款互助合作社干。

万事开头难。贷款互助合作社初创时期，缺少群众基础，我们跟着许社长风里雨里，每天深入乡村做群众的宣传工作。看着一家家"农民互助中心"在一个一个乡村成立起来，看着经我们一次一次发动宣传，群众慢慢理解了互助贷款的意义，便有越来越多的农民和乡村支持我们的事业时，再多的辛苦，我们都不觉得苦了，反而有了巨大的成就感和荣誉感。

孙路鲁说："15 年来，我在贷款互助合作社这个平台上锻炼成长，找到了一份值得骄傲的事业，从一个普通的员工，成长为高新区分社的社长，像当初许社长领着我们干一样，我带着我们的团队在努力奋斗。我们感到这是一份造福农民和农村的高尚事业，是一份让贫困农民也能够获得贷款支持的事业，能成为这份事业的探索者、奋斗者、见证者，我们心里特别高兴。"

贷款互助合作社里，还有一名从商丘来到这里工作的大学生，他的名字叫杜雪峰，现在是五星分社的社长。

杜雪峰说，他是2009年来贷款互助合作社参加支农活动的。当他了解了贷款互助合作社的工作性质，并通过许社长了解了贷款互助合作社创立、发展前后的历程后，出身农民家庭的杜雪峰，就爱上了这份有巨大社会意义的工作和事业。

后来，大学毕业的杜雪峰，就来到濮阳加入了这个团队，从最基层的一名实习生，成长为今天的中层管理者，并在这里成家立业，将濮阳当成了他的第二故乡，将从事小额互助贷款当成了他终身追求的事业。

杜雪峰说："人生的路有千万条，当我们青年人离开校门踏上社会的时候，能够选择一条正确的人生道路并为之奋斗，那就是幸运的。在贷款互助合作社，我找到了一条为广大农民服务的路，在帮助他们摆脱贫困的同时，我自己也实现了人生的价值。也许我们在追求事业的道路上，付出了很多很多的辛苦，但我们从不后悔，我们每天的努力，其实都是在为脱贫攻坚和乡村振兴而助力，我们是在为一份高尚的事业而奋斗，在付出的同时，我们也成就了自己的人生。"

…………

奋斗的人生最精彩，奋斗的人生最壮丽，奋斗的人生最难忘。

第二节　每个人的成长历程都令人难忘

在贷款互助合作社 15 年的奋斗历程中，有一大批人在这份充满挑战、充满意义的工作中，一天天、一年年成长起来，长成了可以独当一面的栋梁之材，实现着他们的人生理想和价值。

李迷社：真心真诚"女强人"

李迷社，濮阳市农村贷款互助合作社清丰分社的一位资深社区经理人，2020 年 8 月被总社聘为清丰分社副社长，主持清丰分社西片区工作。

李迷社给我们留下了很深刻的印象。她很阳光，很直率，给人的感觉就是那种工作风风火火、办事利利索索的人。她的老公是一个军人，生活中特别宠她，常常会做了好吃的东西送到单位里，让她这个加班加点工作的人经常有好吃的。说起老公，她心里洋溢着满满的幸福。

大家对李迷社印象最深的评价就是工作能力强、办事效率高，而且有一颗助人为乐的心。她把单位当成了家，她把服务好社员们，当成了自己最大的事情，她那份责任心令人感动。

太快啦！像做梦！

2020 年 8 月，她经手了一笔贷款，从调查到办手续，再到贷款发放，整个业务她仅用了一天时间。

这笔贷款是一笔抵押贷款，是经一位老社员介绍申请的贷款。这位借款人几年前曾一直在分社办理小额贷款业务，后来随着企业的发展，对资金的需求越来越大，有一段时间就暂停了分社的小额贷款，但李迷社一直与他保持着联系。

2020 年，受疫情影响，这位贷款人经营的食品加工厂资金开始紧张。李迷社了解情况后，认为这个借款人的情况符合贷款互助合作社的贷款原则。针对他需求金额偏大的情况，建议他走房产抵押，清丰分社可以向总社申请，为他办理 28 万元贷款。

濮阳市农村贷款互助合作社根据政府要求，近年来按照"农村、小额、扶贫、社区、封闭"的运营原则，积极为农户社员中低收入家庭发放 10 万以内、企业 50 万以内的贷款。只要手续齐全、合法，最快 3 天内放款。

当时，李迷社还从未办理过房产抵押贷款，对办理房产抵押流程一无所知。办理抵押手续，难度确实不小。

为了办好这笔业务，她反复向同事请教，反复修改合同，向社长请示不动产局联系协调方法，然后带着客户到服务中心大厅找人咨询，最终在不动产抵押登记岗的帮助下确定了登记细节。当天上午办好抵押登记所需资料后，下午一上班就赶去服务中心申请抵押登记，当天就拿到了不动产抵押他项权证。

房产抵押贷款不同于普通贷款，必须到不动产部门办理抵押手续，银行办理这项业务，一般需要一周以上的时间；在贷款互助社，李迷社却仅用一天就完成了这项工作。

不仅如此，在总社的支持下，她还实现了当天放款。当李迷社打电话提醒这位社员，说贷款已经到账的时候，这个贷款的社员竟有点儿不敢相信自己的耳朵。当他在手机银行的账户上确认贷款到账之后，他立即给李迷社回复了微信：太快啦！太快啦！像做梦！

急社员所急，高效率办款，这正是贷款互助合作社与传统商业银行的根本不同，也是贷款互助合作社受到群众欢迎的原因。

李迷社能干，得从她服务的区域说起。根据总社部署，李迷社的服务区域为清丰西部区域的6~8个乡镇。去年建成的大屯中心距离分社9.6公里，筹备成立的阳邵中心距离分社22公里。不熟悉乡村业务的人，仅是看着这些距离，就会很有压力吧。然而，快十年了，李迷社每天都会走一趟，用自己的勤奋换来了社员们的交口称赞，业绩也节节升高。

抱着"不让一个中心社长掉队"的诚心，李迷社一次次上门磋商，一户户反复征求意见，最终于2020年8月份敲定了合伙人，与10个乡村贤达草签了合伙协议：为了便民富民的共同理想，先富带后富，为促进当地经济发展出份力，出资成为互助中心的原始股东。

2020年9月，清丰县大屯乡阳邵互助中心的合伙人完成了股金准备，"乡村振兴服务中心"挂牌并开始了互助贷款业务。

阳邵互助中心的这10位股东，都是在阳邵镇有影响力、有爱心的农户，有的是发展当地教育的领军人，有的是当地村里的致富能手，有的是村里德高望重的带头人。

股东们评价李迷社，高兴地说她是"女中豪杰"！他们说："没有李社长一次一次地做我们的工作，将我们团结到一块儿，我们不可能重新聚集在一起搞贷款互助社。跟着她这样的社长干，我们很有劲儿！"

李迷社的业务为什么做得这样好？她笑哈哈地说："我对所有的社员，都保持一个态度，就是为他们服好务。我把心交给他们，急他们所急，为他们着想，以自己的真诚，换大家的信任，与他们打成一片，帮助他们发家致富！让打过交道的农民社员都能受益，都说咱贷款互助社好！"

郭金利：千万元级贷款社区经理

郭金利是一个性格随和的人，脸上永远带着热诚的笑意。无论谁与她接触，距离感都会在自然而然间很快消失，随之而来的就是亲切的交流。

2009年3月1日，郭金利入职贷款互助合作社，签订了正式员工合同。岁月匆匆，时光飞逝，至今她已在贷款社工作12年了，早已成为千万元级的社区经理，成为贷款互助合作社员工中的佼佼者。

听她讲自己与社员打交道的故事，会感受到贷款互助合作社的小额贷款事业，真的是一项扶危济困的高尚事业，是一项历练人才、成就人才的事业。

几年前，我去一个叫安庄的村宣传推广贷款互助社的互助金融理念，村中有不少人对贷款互助"宽裕时入股，我助人；困难时贷款，人助我"的理念不认可。初次入村宣传工作中，大多数人有这样的态度，再正常不过了。一天下来，只有一位老大娘主动留下了我的电话，她说她被我的热情劲儿和认真劲儿感动了。

几个月以后，我接到了一个陌生电话，是我在安庄村宣传时留了我电话的大娘，她家遇到了紧急用钱的困难。她说她儿子要结婚，亲戚朋友都借过了，还差 2000 块钱再也借不来了。

问清了大娘家的大概位置，我直接去安庄村找到了她家。一见面，大娘就急着说："2000 块钱不多，也不算少，没有这 2000 块钱，婚宴办不下来。"

我告诉她："我们贷款互助合作社是国家小额信贷扶贫试验基地，专门解决老百姓应急贷款难的问题。"就这样，我为她办了这笔 2000 元的贷款。从那时到现在，大娘的儿媳妇和她家的周围邻居，都成了我们的社员。

刘哥是我在王什集上做宣传时遇见的。他家住在王什集，没有固定工作，但我见到他的第一印象，就是他人很老实。那时，他给人家做短工，收入不稳定，想自己做点什么，资金又不够。

当他了解到我们的互助贷款模式时，就问我，他能不能借钱？

我告诉他，认可我们的互助思想，人品好，信用好，经得起邻居间打听的农户，都可以借。

经过多次接触，他终于大胆说出了自己的想法，他说他想在王什集开一家榨油门市。他还说："村里人喜欢吃自己家榨的油，我又愿意吃苦，只是手头资金不够买榨油机。我现在想贷款买台榨油机，收入肯定会很好。"

那天，我给他办了 2 万元的贷款，帮助刘哥把榨油门市部开张了。开张之后，刘哥的生意真不错，毕竟大家都愿意同老实人打交道。

刘哥第二次贷款，是媳妇生了重病，需要一笔钱过这个难关。贷款互助合作社再次伸出援手，帮他过了难关。慢慢地，我和刘哥成了朋友，我还主动帮他卖油。有一年我们发职工福利，用的就是刘哥的花生油。他帮我们召集邻居，介绍了不少农户入社，成了社员。

现在，刘哥的生意越做越红火了，家里的日子也越来越滋润了。

千脑汇，位于濮阳市黄河路，是一个专业电脑器材的卖场。这里有六七家商户，是我们的老社员，他们一般都是在进货的时候，短时间内需要资金应急。

在长期与社员打交道中，我们建立了很深的感情。社里分配的团购任务，都是这些社员帮忙完成的。社员家里该添什么了，第一个要问的就是我。贷款互助合作社在濮阳乡村组建了多个合伙制互助中心，用的办公设备，大多是从其中一个社员的门店里选购的。

总结自己这些年的工作，郭金利笑着说：“在村里为社员群众办实事，时间长了，自然就有了感情。有了感情基础，工作也就容易开展了，业务也就跟着上去了，做着做着，就做成了千万元级的客户经理。光是合伙制互助中心，我一个人就组建了两个，把互助中心建到村里，建到农民的家门口，贷款互助合作社的工作就更容易做了。"

现在，郭金利的贷款额度已经突破了1200万元，她成了全社员工学习的榜样。

李璀：曲曲折折收贷记

李璀曾是一名基层分社的信贷经理。因为主要负责贷款管理和客户维护，他每天都要骑着摩托车到各个村催收贷款、维护客户……

濮阳县新习乡丁寨村田某这一客户的贷款催收，最近让他有点儿头疼。回想这笔贷款从当初的放款，到最后的催收过程，李璀感慨很多。

丁寨村是个远近闻名的养猪专业村，村里有大大小小30多个养猪场，有贷款互助合作社早期组建的互助中心。40岁的田某是该村养猪户，也是贷款互助合作社的培训期社员，拥有一个中等规模的养猪场。田某夫妇吃苦能干，除了养猪场外，还承包了30亩地种植西瓜。之前，田某贷款两笔，还款顺利，无拖欠。

2012年5月8日，田某再次在贷款互助合作社贷款5万元，期限1年，用于购买猪饲料。2012年年底，经受不住朋友的诱惑，田某参加了赌博，一周时间就输了十几万元，还在赌场上借了月息五六分的高利贷。

贷款互助合作社的贷款到期的前一天，李璀和其他同事一起上门回访，田某当时承诺保证按时还款。本金到期的当天，李璀和同事上门催收，想尽各种办法，寸步不离跟了田某一天，仅要回了 1.6 万元。

贷款催收必须抓住"黄金三天"。本金到期的第二天，李璀和同事继续上门催收，晓之以理，动之以情，还找到担保人施加压力。田某已有痛改赌博恶习之意，田妻也哭求帮她家渡过难关。我和同事认真考虑后，决定让田某再还 1 万元，剩余贷款2.4万元予以办理延期三个月，等他们家卖掉了猪和小麦、西瓜后结清。

时间一天天过去了，李璀他们定时上门回访收息，一切都似乎水到渠成。2013 年 8 月 6 日，眼看着贷款到期了，李璀和分社长上门催收，却发现事实并非他们想象的那样。田某夫妻并未按约定将卖猪款和卖小麦、西瓜的款项用于归还贷款，而是偷偷还了高利贷和外欠的饲料钱。

像一场惊雷，狠狠地炸醒了李璀他们，他们再也不敢轻信了。吃一堑，长一智。为了能够早日收回这笔款，他们从此开始了贷款催收战，天天去田某和担保人家里不厌其烦地做工作。

8 月 28 日早上，从担保人口中，李璀得知田某收入了几千块钱。闻此消息，李璀就火速赶去田家，在路上刚好碰上了田某，一番苦口婆心的说服，田某不得不从口袋中掏出 4000 多元钱还了贷款，并答应延期结束的最后日之前还上剩余的贷款。

9 月 8 日，是贷款互助合作社规定的拖欠贷款满月必须上交的"风控日"。李璀心急如焚，怎样才能在最后一刻将贷款收回来呢？

李璀说："这是我作为经理的义务和职责，必须紧跟不放，追回这笔贷款。"

从早起就开始电话催收，但一直没有结果。李璀有点儿坐不住了。当天下午5点，他得到"田某的卖猪款快过来了"的喜人消息。为避免夜长梦多，防止田某拿到钱后再次将钱挪作他用，李璀顶风冒雨，立即骑上摩托车赶往40公里外的丁寨村。

他先是找到担保人，然后又找到田某。看着冒雨赶来的李璀，田某被感动了，现场归还了贷款1万元。李璀心里的一块石头才落了地。

李璀说："小额信贷是个新兴的行业，也是个辛苦的工作。平凡的工作，却能体现出自己的人生价值。回想从事小额信贷工作的点点滴滴，心里有很多感慨。要想做好小额信贷工作，就需要我们有一种持之以恒的精神，有一颗不怕困难的心。"

归来之时，雨骤然停了，太阳也出来了。微风习习吹来，李璀感到了秋天的凉爽和惬意。抬头之间，天空竟有一道绚丽的彩虹……

张红宾：脑中有图，心中有数

筹建于2019年3月份的新习北互助中心，是贷款互助合作社与新习乡5位地方股东联合发起的合伙制互助中心。中心位于新习乡政府所在地，成立一年多的时间里，取得了非常好的发展效果。

张红宾是互助中心的社区经理。

张红宾原来是贷款互助合作社的司机师傅。新习北互助中心成立时，他被许文盛社长委以重任，派到了这里任社区经理。上任之后，他积极联络全体合伙人，商议开展工作的方法，很快取得了股东们的信任和支持，中心的各项工作也很快取得了成绩。

2019 年 7 月，中心实现了收支两旺。当月发放贷款 13 笔，金额 98 万元，远高于其他社区经理；当月平均贷款额 7.5 万元，其中 1 万元以下贷款 3 笔，占总笔数的 23%，充分体现了贷款互助合作社"村社共建百姓银行，让穷人贷款像买东西一样方便"的初心和追求。

互助中心能在最短的时间内，做到资金的收支平衡，这与全体合伙人共同努力分不开。想要收支良性循环，就要持续不断地通过进村入户，做互助思想的教育培训工作，让更多的农户接受互助思想，调动村庄内更多的农民自愿入社，达到共建村社的目标。

收是指区域内的群众接受互助思想，自愿申请入社，认购股金成为社员，享受社员八大好处；支是指放贷资金充足，基本能够满足区域内社员发展中的资金需求。

"要保持收支良性循环，讲起来简单，做起来却需要付出很多很多的心血和汗水。"张红宾说，"进村入户推广贷款互助思想，通过教育培训让农户自愿入社工作，这项工作每天都需要去做，难度也比贷款更大。要完成这个工作，就必须要与村庄快速融合，与股东打成一片，与村里社员建立信任。"

"股东是互助中心扎根村庄借力的支点，我深知搞好与股东协作，是实现与村庄快速融合的不二法门。为了完成这个收支平衡，我和股东们想了很多方法，做了很多工作，把心思都用在与群众的融合上。"

一边说着，张红宾在一张白纸的中心画了一个长方形，里面写上"新习中心"，然后又一个一个写上周围村庄的名字，一会儿，这张白纸成了涵盖了近20个村庄的一幅简易地图。

张红宾说："脑中有图，心中有数。作为社区经理，不管是哪个村子里的情况，都必须要门清，必须要与股东们齐心协力。反之，很难干好这项工作。"

依托互助中心，扎根农村，以社员组织起来的优势和贷款、购销、科技、文化等综合服务，解决社员生产生活中的贷款难题，是互助中心的根本任务。新习互助中心之所以能够快速高效发展，背后正是社区经理张红宾团结股东，携手并肩扎根农村的辛苦付出。

张红宾很有感慨地说："如果没有许社长的栽培，如果没有贷款互助合作社的这个好平台，我怎么能够从事这样有意义的事业？今后的路还很长，我会珍惜机会，努力把这项高尚的事业做得越来越好。"

张秀梅：贷款互助社改变了我的人生

张秀梅是濮阳市高新区分社王什互助中心的社区经理，说起自己这些年的工作经历，她觉得她像变了一个人一样，心里有很多的感慨。

她说，她是2017年冬天来到贷款互助合作社的，来时的岗位是推广部主管，主要工作是通过贷款互助合作社的百姓大舞台车，每天深入乡村，深入群众，以文艺演出的方式与群众接触，宣讲贷款互助合作社的互助金融模式。

她经常说，自己是个大老粗，无论如何也想不到，有一天自己能从事小额贷款这样专业的工作。2019 年，她听说许社长要安排她从宣传工作转为社区经理，从事农村小额信贷工作，刚开始她还不敢相信这个消息，更不敢相信自己有能力去做这份工作。后来，许社长真的找她谈了转岗的事情。

许社长对她很有信心，说她一定能够转岗成功，说她有组织才能，最善于跟群众打成一片。于是，她就抱着试试看的态度，来到高新区分社，加入了高新区分社孙路鲁社长的团队。在这里，大家尊重她，把她当作老大姐来对待，让她感受到了家庭一样的温暖，慢慢地就适应了这份工作。

学习做社区经理，起初的工作就是帮忙。高新区分社如果哪位社区经理忙不过来了，都能看到她的身影。在热心的帮忙中，她慢慢地开始感悟信贷经理人的日常工作。两个月下来，在给其他人帮忙的同时，自己也学了不少贷款管理知识。虽然没有业务区域，没有做业务的权利，没有具体的业绩，但学到了知识，她还是很高兴。

2019 年初冬，王什互助中心成立了，许社长让张秀梅做了这个中心的负责人。中心是当年 11 月开始营业的，11 月 29 日，张秀梅就成功发放了第一笔社员贷款。

回想起这笔贷款的过程，至今让张秀梅难以忘记。因为从事这份工作时间很短，好多信贷知识并没有学懂，贷款的整个流程知道，但细节性的操作难住了她，最大的问题是计算机不会用，怎么打印合同只能干着急。一系列困难问题，最终在大家的热心帮助下，一个环节一个环节她做了下来，成功地完成了第一笔贷款。

现在的她，对于信贷工作的各个环节已经是轻车熟路了，而且成了高新区贷款互助合作社的业务骨干。在一年多的时间里，王什中心共发放50多笔社员贷款，累计170多万元，成绩做得令人刮目相看。

张秀梅说："没有贷款互助合作社，我就是一个普通的女人。让我做梦也想不到的是，因为加入贷款互助合作社这个团队，竟然改变了我的一生，让我从一个家庭妇女，转变成了一个做互助贷款的职业社区经理，能够每天为广大农民朋友服务，而且在为他们的服务之中，感受到了自己工作的价值。回想这一路走来，真的很感谢许社长的信任、理解、支持，感谢我们团队的帮助、关心。如果没有大家，就不会有今天的我。我现在每一天都信心满满，就想着要干好这份光荣的职业，为大家争光。"

尾　章
创立"中国农民互助银行"的伟大梦想

一

葛东良是一位老金融工作者，2010 年从濮阳市农行退休后，许文盛"三顾茅庐"，把他请到贷款互助合作社，担任了贷款社总社科研部的顾问。

我们特别采访了这位老先生。老先生作为一个老金融工作者，又多年从事金融理论方面的研究，他的眼光独到而敏锐。

2010 年 9 月，他写出了《互助金融初识》的文章，对许文盛所创立的贷款互助合作社进行了精辟分析，他提出的"互助金融"的概念观点，得到了有关专家的好评，还被收入了"百度百科"等网站成为"词条"。

"互助金融"这一概念最早由原濮阳市农业发展银行办公室主任葛东良先生 2010 年 9 月在《互助金融初识》一文中提出。

互助金融的本质也是合作金融，不同之处在于：互助金融模式根植于濮阳市农村贷款互助合作社运作模式（又称"濮阳模式"），按照"市总社+分理处+村互助中心"的多层合作社组织形式，吸取通过客户经理的流动银行作用，以中华民族传统美德——互帮互助为纽带，将贷款产品进行全面提升与整合的全新金融理念。

他在文章的开篇中写道：勤奋、敬业是成就创业梦想的基本要素。然而，时下像许文盛这样执着的很少有。基于这个人、这种精神给人的感动，一个在计划体制下人民银行、改革之初的专业银行、市场化后的政策性银行工作过的老同志，动起了探讨新事物的念想，欣然加入这支新生的年轻的队伍。

葛东良在文章中坦诚地说道："初来乍到，本不该多言。然而，一融入即感到生机、活力、热情、诚信、朴实迎面扑来，那么多人给你介绍情况，提供资料，倾诉心声，使我油然产生指点一下的激情。于是，在与员工的见面会上，我讲，我们的贷款死不得、经营亏不得、员工薪资少不得。尤其贷款是我们的生存之基，发展之本，不能照搬国有银行、政府主管的农信社的做法。因为他们产权是国家、集体的，有政府做靠山，资金实力强，流转规模大，一部分贷款能挂账，能剥离，能核销，不影响业务运营，不影响员工薪资发放。我们却没有这些条件，作为社员互助金融组织，底子薄、实力小，自主合作，自主兴办，自我服务，自我发展，出了风险没有任何人兜底，目前尚缺做大额贷款的能力和条件。如果我们把贷款搞死了，就把我们互助合作的事业搞砸了，对不起为其作保或投资的社员乡邻，就是拿责任员工的薪资也难以抵补，互助社资金营运的流动性、持续性难以保证。"

他在文章的最后，富有见地地提出了自己的见解，濮阳市农村贷款互助合作社的经营管理模式，核心在于互助，途径是市、乡、村三级组织联动；原则是诚信互助，民主管理，相互监督，互惠互利；目标是实现社员致富与互助社持续发展"双赢"。分析目前运营中存在问题的原因，主要是对互助合作金融理论学习研究滞后，对成功的经验总结宣传贯彻不到位，对已建立的管理规章制度执行不到位，部分员工素质能力不适应等因素所致。因此，加大学习、宣传和研讨工作力度，就成为现实的需要。尤其是市社和分社组织管理者和承担培训辅导、管理监督职责的员工，要带头学法规、懂政策、熟规范、严管理，要让所有的入社社员、借款人、投资人、担保人都能清楚明白自身的责任义务，真正让借款者增收，让担保者放心，让投资人受益。只有这样，才能影响带动越来越多的人加入互助社，对改善投资环境、建设和谐社会的作用也会日益明显，互助合作金融事业就能越做越好。

二

现在，葛东良老先生因为年事高而不再负责贷款互助合作社科研部的工作了，但他一直关注着贷款互助合作社的发展。

2020 年 12 月，葛东良在接受采访时这样对作者说："濮阳市农村贷款互助合作社是当年中国社科院在濮阳设立的扶贫性质的小额贷款试验基地，在党和国家创新改革农村金融体制政策的指引下，至今已经走过了 15 年的发展历程并取得了丰硕的成果。许文盛首创并持续探索的农村互助金融模式，或者说'濮阳模式'，这些年来在濮阳帮助千万农民摆脱了贫困，走上了富裕之路，所取得的成就显而易见，有目共睹。这种发展模式具有典型意义、示范价值，已经在国内多个地方赢得了关注。应该说这一成功的探索与实践，得益于贷款互助合作社有一个优秀的领头人许文盛，有了这样一位有思想、有追求、有格局的领头人，才会带出一支优秀的团队，互助金融这项事业才会越做越大。"

采访之中，作者有很多感慨："实践证明，在中国许多地方的农村和农民还存在着一盘散沙的状况之下，农村农民发展经济的力量是薄弱的，人散、心散、单门独户、单打独斗的农民，只有组织起来才最有力量。濮阳市农村贷款互助合作社十多年在濮阳广阔农村进行的互助金融的探索和实践还有力地证明，'濮阳模式'是目前情况下在中国广阔农村发动农民、组织农民、帮助农民、造福农民、助力乡村振兴行之有效的方法之一。'濮阳模式'如果能够有机会在全国复制推广，一定会成为助推中国乡村振兴事业的强大力量。"

作者的这一观点，不仅得到了葛东良先生的赞同，同时得到了许文盛的高度赞同和支持。其实，我们有一个共同美好的愿望，那就是历经 15 年试验探索的"濮阳模式"是成功的，希望国家政府部门能够倡导在中国广阔的农村推广复制，在助力中国乡村振兴伟大事业的进程中发挥其潜在的重要作用。

许文盛认为，当前，中国城乡金融发展极不平衡，对农村信贷资金投放不足的问题长期存在。在农村资金大量外流的同时，许多有信贷需求的农民却不能获得贷款，或获得贷款的规模远小于实际资金需求。因此，中国广阔的农村和广大的农民，亟须各级政府支持建立符合农业发展和农民需求的农村金融服务体系。

许文盛很有感慨地说："我们常说，只有农民自己的组织，农民才会关心其发展；只有农民自己的组织，才会与群众患难与共、设身处地考虑其现实需要。我们濮阳市农村贷款互助合作社，作为小额信贷扶贫科研机构，正在成为农村社区互助金融良好的孵化平台。在解决'三农'问题中，我们贷款互助合作社不仅能有效动员组织群众，而且能在社区组织的基础上，以小额信贷为资金互助补充动力，以资金互助促进小额信贷与社区群众良好互动，真正促使弱势群体贷款难、收款难、增收难等系列社会难题迎刃而解，在解决'三农'问题中发挥积极作用。"

贷款互助合作社在发展成长的路上，尽管遇到这样那样的问题和困难，但许文盛对贷款合作社的未来充满信心。

他豪情满怀地说：我们贷款互助合作社有一个宏大的中国梦，那就是早日创建一家真正属于中国农民的"中国农民互助银行"。贷款互助合作社成立 15 年来，我们立志金融报国的初心始终未变，我们一直在努力促使政府、精英、农民合力建设新农村，并渴望在各级政府的支持之下，循序渐进地整合国内资金互助社和公益性小额信贷组织，为实现创建媲美孟加拉乡村银行的"中国农民互助银行"的伟大梦想而奋斗。

但愿这一天早日到来！

后　记

组织起来的农民才最有力量

他们永葆自己的初心不变。他们的理想和追求，就是把农民重新组织起来，办"农民自己的银行"，依靠农民自己的力量，救农民之所急，解农民之所困，不仅要让农民有自己的组织，更要让农民有自己的力量，而且还要农民有自己的人格和尊严。要让广大农村的农民成为建设社会主义新农村的主力军的农民，成为乡村振兴伟大进程中对美好生活充满信心和向往的农民，成为对党和国家满怀感恩之情的农民。

一

农业、农村、农民，是谓中国的"三农"。抓好"三农"工作，始终是执政的中国共产党十分重视的问题。

2013 年 12 月，在中央农村工作会议上，习近平总书记提出，中国要强，农业必须强；中国要美，农村必须美；中国要富，农民必须富。总书记高瞻远瞩，围绕"三农"问题为中国的乡村振兴规划了令人向往的蓝图。

2020 年 12 月 28 日至 29 日，在北京举行的中央农村工作会议上，习近平总书记强调，在向第二个百年奋斗目标迈进的历史关口，巩固和拓展脱贫攻坚成果，全面推进乡村振兴，加快农业农村现代化，是需要全党高度重视的一个关系大局的重大问题。从中华民族伟大复兴战略全局看，民族要复兴，乡村必振兴；从世界百年未有之大变局看，稳住农业基本盘、守好"三农"基础是应变局、开新局的"压舱石"。构建新发展格局，把战略基点放在扩大内需上，农村有巨大空间，可以大有作为。

习近平总书记指出，历史和现实都告诉我们，农为邦本，本固邦宁。我们要坚持用大历史观来看待农业、农村、农民问题，只有深刻理解了"三农"问题，才能更好地理解我们这个党、这个国家、这个民族。必须看到，全面建设社会主义现代化国家，实现中华民族伟大复兴，最艰巨最繁重的任务依然在农村，最广泛最深厚的基础依然在农村。

如何更好地解决"三农"问题，最大可能地缩小城乡差别，让中国农村的亿万农民过上美好富裕的日子，始终是执政的中国共产党永不放弃的伟大追求。

二

在中国的"三农"问题之中，过去和现在，到底存在着什么现实的问题亟待解决呢？

中国城乡金融发展极不平衡，金融机构对农村信贷资金投放不足的问题长期存在。在农村资金大量外流的同时，许多有信贷需求的农民根本不能获得贷款，或获得贷款的规模远小于实际资金需求。因此，亟须建立符合农业特点和农民需求的农村金融服务体系。

在河南省濮阳市，有这样一个新型农村金融机构，名字叫"濮阳市农村贷款互助合作社"。它是中国社会科学院在河南省濮阳市设立的小额信贷试验基地。

贷款互助合作社和分布于乡村的"农民互助中心"，开展小额信贷扶贫，以引资团购团销、生产互助、科技文化等"四位一体"综合服务平台助农增收。

今天，濮阳市农村贷款互助合作社已经走过了整整 15 年的探索发展之路，在推动濮阳市脱贫攻坚和乡村振兴中发挥了积极作用，在濮阳市广阔的农村深深地扎下了根，成为惠及"三农"、建设社会主义新农村的重要力量，受到了千家万户的欢迎，受到了社会各界的肯定。

三

贷款互助合作社负责人许文盛说："合作凝聚人心，团结才有力量。一个不懂互助的民族，是没有希望的民族！合作互助，是支撑中华民族崛起的脊梁！"

许文盛曾满怀感情，写下一首《善行助贷歌》：

世人芸芸，穷富共生；村居之中，穷富为邻。

社区之内，宽紧相间；家庭流转，紧余循环。

诸事漠视，爱人熬煎；危难不见，亲友不怜。

贫富倾轧，乱象纷呈；邻里互助，和谐共赢。

互帮互助，华族美德；薪火千年，团结始终。

美哉互助，承我文明；继我族训，助贷传承。

善行助贷，责任在肩；抵制高利，媲美银官。

助贷有道，成本为证；善行善果，勇往直前。

15 年来，濮阳市农村贷款互助合作社始终在做的一件事，就是团结农民、组织农民、发动农民、培训农民、造福农民，创办属于农民自己的"农民互助银行"，让广大农民入股成为股东，让广大农民当家做主人，让广大农民从互助金融中得到实惠，帮助那些贫困的农民摆脱贫困，在脱贫攻坚和乡村振兴中发挥着积极的力量。

在发展历程中，他们始终没有忘记自己的社会责任，总是力所能及地用自己的力量为社会做着贡献。他们每年都向濮阳市慈善总会捐赠 10 万元善款，用于社会公益事业。2020 年年初，新冠肺炎疫情期间，他们分别向鲁河镇、王助镇、梨园乡等多个乡镇村庄捐款近 10 万元……

2020 年 12 月 28 日上午，由贷款互助合作社和许屯村农民互助中心捐款捐物建立的许屯村互助养老院正式启动。入住养老院的老人们，按照当地风俗，怀着对美好生活的向往，虔诚燃香祈福，祈愿国家昌盛、民族富强、家庭幸福、老有所依、老有所养。

目睹老人们幸福的情景，贷款互助合作社社区经理程俊杰写下了《圆梦·许屯互助养老院开业》：

十一月初八，老人乐开花。
互助养老院，解咱老人难。
无力挣大钱，单身更凄惨。
互助来圆梦，去咱心中病。
打牌又娱乐，高兴没法说。
互助聚一起，开心乐无比。

只有农民自己的组织，农民才会关心其发展；只有农民自己的组织，才会与群众患难与共，并设身处地考虑农民的困难和需求。

15年来，他们用组织起来的农民自己的钱，无数次支持、帮助那些急需发展生产、解决生活困难的农民渡过难关，先后为农民农村农业解决互助资金16亿多元，惠及千万个家庭，为濮阳的社会主义新农村建设贡献了力量。

贷款互助合作社的员工，他们在工作中感受到了自己所从事的事业是一份高尚的事业，热情洋溢地写下了他们的感受《互助合作有力量》：

　　互助金融，社员平等；资金帮扶，摆脱贫困。

　　发动农民，组织农民；凝聚力量，互助共赢。

　　一人栽树，终难成林；众人浇水，绿树成荫。

　　团结互助，民族传统；抱团发展，改变命运。

　　善行助贷，引资助农；内联外引，造福百姓。

　　善念善行，互助扶贫；合力发展，振兴乡村。

　　自从有了贷款互助合作社，农民有了资金需求，贷款互助合作社就会在最短的时间内把钱送到他们的手里，打到他们的账户上，让农民贷款就像买东西一样方便。

　　自从有了贷款互助合作社，这里的农民再也不会因为缺少资金而盖不起房、娶不上媳妇、上不了学、看不起病，更不会因为缺少资金的支持而失去发展生产的机会。

　　自从有了贷款互助合作社，这里的农民通过贷款互助合作社的贷款、购销、生产、文化"四位一体"的四大服务平台，享受到更多实实在在的服务，得到更多实惠和利益。

四

　　善念善行，贷款助穷。濮阳市农村贷款互助合作社自成立以来，他们就志存高远，心怀责任和担当，在他们的心中，每一次为农民服务，每一次为农民解决困难，都是一件高尚的事情，都是人生精神境界的一次提升。

15 年来，他们在探索前进的路上，经历了常人难以想象的磨难和困苦、无奈和迷茫，但他们从来都是不屈不挠，坚持奋斗。

在他们不畏艰难、拼搏进取的人生历程和创业的历程中，他们一次次坚守初心，实现了平凡铸就伟大、奋斗成就人生的追求。

他们永葆自己的初心不变，他们的理想和追求，就是把农民重新组织起来，以农民团结互助的力量，成功创办属于农民自己的"农民互助银行"。

他们说：宽裕时入股，我助人；困难时贷款，人助我；助人等于自助，互助才有力量；依靠农民自己的力量，救农民之所急，解农民之所困。

他们的理念感动人心，他们的行动力量无穷。

在濮阳广阔的农村，他们将千万个农民紧紧地团结起来、组织起来了。千万个农民成了贷款互助合作社的社员，千万个农民从此依靠互助资金的帮助摆脱了贫困，走上了富裕之路。

因为濮阳市农村贷款互助合作社多年来为农业农村农民所做的突出贡献，多年来它被社会各界和有关媒体赞誉为"国内首家农民互助贷款组织""草根执掌的民营银行""农村金融探路先锋""破解农村金融的濮阳模式""独立的综合性农村建设模式""中国农民自己的互助银行"……15 年来，全国各地慕名前来参观学习的团队络绎不绝。

贷款互助合作社理事长许文盛也赢得了一项又一项殊荣，多次被国内外的小额金融组织邀请作报告，介绍"濮阳模式"的成功经验。

许文盛曾经豪情满怀地说："我们永不放弃我们的初心，我们一直在追求我们的理想——打造媲美孟加拉乡村银行的'中国农民互助银行'，服务千千万万的农民和广阔的乡村。我们现在和未来的发展目标，就是要全心全意服务农民，同心协力助力中国乡村振兴的伟大事业。"

五

深入生活，扎根人民，生活远比文学更加精彩。

长篇报告文学《互助：中国乡村振兴的力量》，书写的就是濮阳市农村贷款互助合作社，15 年来历经跌宕而不改初心、勇于探索而不畏艰难的奋斗历程。本书全景式书写他们扎根广阔的农村，发动农民、组织农民、培训农民、服务农民、造福农民的精彩实践；展现他们扎根广阔农村，长期培育以农民为主体的贷款合作、生产合作、购销合作和文化合作相结合的新农村建设模式；讴歌他们在脱贫攻坚和乡村振兴中所展现的奉献精神、惊人力量和卓著贡献。

长篇报告文学《互助：中国乡村振兴的力量》，以文学的精彩，奉献这个伟大的时代！